人生に迷ったら
老子

東洋思想研究家
田口佳史

致知出版社

まえがき

私の念願は、二つありました。一つは一人でも多くの人に、私の最も敬愛する「老子」の説く「道《みち》」の存在を知ってもらいたい。

そして、「道」と共に愉快な人生を歩んでほしい、という事です。

私の人生は波瀾に富んだものであり、苦しく辛い体験も多くありましたが、それはこの人生の名ガイド「道」を得る為のものでありました。

私は「道」を得る為に、少々苛酷な体験を必要としましたが、皆さんはそんな必要は全くありません。

苦労なしには幸せは得られないとは、大嘘です。間違った宗教の説くところです。

幸せになる必然的条件を整えれば、それで良いのです。

それは全て「道」が教えてくれました。

しかしだからこそ「道の在り様を自己の在り様とする」という「老子」の精神は、完璧に実行する必要があります。

「道」は故郷《ふるさと》の胆っ玉母さんですから、ケチ臭さは一切ありません。

しかし親しくなる為には、多少のコツ、付き合い方が必要です。その詳細をこの本に書きました。

もう一つは、老子「道徳経」の講義の本を老荘の学、つまり老荘思想を理論、理屈として学ぶ為の本とすれば、その実践の方法を記した老荘道の本が必要でした。

この老荘学と老荘道の二冊が揃って、初めて真の老荘思想が成り立つのです。

老荘思想も中国古典の一つであり、東洋思想ですから、禅などと同様に、何しろ実践して初めて意味を持つものなのです。

したがって、実践の為のガイドブックは不可欠ですが、何故か目にしません。

3 四十代での「道」との交流

装幀――川上成夫
題字――杭迫柏樹
カバーの老子の絵――見目陽一
本文デザイン――奈良有望

底本には『新釈漢文大系7　老子　荘子　上』（明治書院／一九六六年）を使用しました。なお、漢字の読み仮名は、現代仮名遣いに改めました。

1

全てはあれから始まった

「道」との出会い

「道《みち》」は「老子」の説く宇宙の根源、この世の全て、天地から万物までの産みの母なのです。中国語で読めばTAO、だから道教をタオイズム（TAOISM）というのです。

しかし私にとって「道」は、そうした大層なものではなく、何ごとも無条件で聞き入れてくれる〝故郷《ふるさと》の胆っ玉母さん〟なのです。二十五才の時からですから、もうかれこれ五十年、いつも一緒にいる、ごくごく近しい母親としてしか思えません。

その「道」と私の〝共に歩んだ人生〟を、特に「道」が、如何《いか》に私にとって欠く可《べ》からざる存在になったかについて、お話ししましょう。

その出会いは、なかなか劇的なところから始まります。

二十五才の時に、当時は記録映画の監督であった私に、突然思いもしなかった〝とんでもないこと〟が起こったのです。

その一部始終については名文家の高久《たかく》多美男さんが、本人の私も驚くほどの正確な描写で、ご自身発行の雑誌に書いてくれています。少々長くなりますが、それを引用させていただくことにします。

「その時、田口佳史はバンコク郊外ののどかな農村で記録映画の撮影をしていた。水田の中にある農家の庭先で、少年が二頭の水牛を使って脱穀しているのが目に映った。和牛の二倍ほどもある、筋骨隆々の巨軀《きょく》と猛々《たけだけ》しい角に魅了され、その美しさをなんとしても撮りたいと思い、近づいた。

その時である。撮影機材に刺激されたのだろうか、ふだんは穏やかな水牛が、満腔《まんこう》の怒気を擁して突進して来たのだ。田口は、逃げるすべもなく角で右の腎臓を突かれ、空中に放り投げられた。体は裂かれ、背骨の一部を吹き飛ばされ、内臓が飛び出した。地面に叩きつけられても水牛の攻撃は終わることなく、再び他の水牛から背中を突かれ、放り投げられた。それまでののどかな風景が、修羅場と一変した。凄惨《せいさん》な血祭りは十五分ほども続いたという。

その時、同行していた撮影クルーは、誰一人なすすべがなかった。内臓が飛び出してしまった人の処置をどうしていいのかわからず、茫然自失《ぼうぜんじしつ》となっていたのだ。

しかし、不思議なことに、それほど体を切り裂かれても、田口の意識は冴え冴えとしていた。まるで月光のごとく、明瞭だったという。取り乱すことなく、破れたシャツの切れ端や稲わらなどが付着している自分の内臓を肉の破れ目から体内に戻した。

それからクルーたちは田口を車に乗せ、猛スピードで病院へ向かった。

『とても不思議だったのは、死が近づくにつれて意識が冴えてきたことでした。痛みも感じず、感覚はますます研ぎ澄まされ、見えないものが見えるようになってきたのです』

どういうものが見えてきたのですか、と問うと、おかしな話と笑われるかもしれないけれど、と前置きした後、こう続けた。

『突如、白髪《はくはつ》の老人が目の前に現れ、私たちは会話を交わし始めました。会話の内容は一字一句明瞭に覚えていますが、いわゆる黙契《もっけい》を交わしたわけですので、内容については口が裂けても言えません。話の決着がついた瞬間、田んぼの中からパトカーが現れ、スピード違反で捕まってしまいました。しかし、それで助かったとも言えますね。事態を知ったパトカーに先導され、短時間で病院へ搬送されたのですから』

たどり着いたところは、シリラ王立病院。

しかし、駆けつけた医師は、田口の体を見るなり、治療を拒否した。手のほどこしようがない、と見たらしい。

その時、幸運だったのは、同行していた通訳のタイ人が医師を説得してくれたことだ。『この人は外国人だ。必要な手当をしなければ外交問題になるぞ』と脅しにも似た口調で医師を説得し、止血やレントゲン検査などの必要な措置をとらせた。

それから間もなく、田口は意識を失う。

『意識を取り戻したのは三日後の夜でしたが、それからの十日間は生死の境を彷徨《さまよ》っていたのだと思います。「あの世」もかいま見ました。一面咲き乱れる色とりどりの花々が青空の下、どこまでも広がっている。ぽかぽかと暖かい陽気まで感じました。しかし、なんとか峠を越し、もしかすると助かるかも知れないと思い始めた頃から急に死の恐怖が襲ってきました。自分は死ぬと覚悟していた時はそういう恐怖はなかったのに、生きられるかもしれないと思った途端、死が怖くなったのですから、不思議ですね。とにかく死ぬのが怖かったのです。目を瞑り、このまま眠ってしまったら二度と目を覚まさないのではないか、と考えただけで恐ろしくなり、一晩中起きていようとしていました』

何度も死を宣告されたが、その都度《つど》蘇生した。田口の全身全霊が『生きたい』と希《ねが》ったのだろう。

検査の結果、左側の腎臓など内臓や背骨の損傷、左脚の機能不全などが判明したが、驚くことに水牛の角による裂傷は動脈と脊髄をそれぞれ一センチ程度かわしていることがわかった。

蛇足ながら、田口にはそれがどうしても偶然の結果に思えず、何らかの見えない力に守られた、と思えた」

いまあの時のことを全て一つ一つを思い出すのは、なかなか難しいことです。しかしそれが無数にある出来事を整理してくれて、際立って印象深いことをピックアップしてくれたように思います。

まず思い出す第一は、白髪の老人のことです。いままでは私は、あれは「老子」ではなかったか。いや老子に違いないと思っています。

そうでなければ、その後の私の人生は成り立ちません。何故なら、その時のこの老人との黙契を果《はた》そうとしたのが、その後の私の人生だからです。

更にそれこそが私の生きる支えとなったのです。辛さや耐え難さからいえば、その後の方が、何倍も厳しかった。生死の悩みなど甘っちょろいと思えるほどでした。日本へ帰国し、長期間の療養、リハビリの末、〝回復はもう限界です。これ以上は良くなることは不可能です〟と西洋医学の医者に言われました。頼りは漢方の治療のみです。効果があると聞けばどこにでも直ぐに訪ねることを繰り返しました。しかしそこでも、〝ここが限界です〟と言われ、治療で救われる望みを断念せざるを得なくなった時、そして、そうと決まったら後は「社会復帰」しかないわけですが、重度の障害を持ちながら社会復帰することは、筆舌《ひつぜつ》に尽《つく》し難い辛酸や絶望に襲われるものです。こちらの方が余程厳しい。

そうした時に支えてくれたのが、「老子」の説く「道」であったということです。

では、その「老子」とは、どの様にして出会ったのか。これについても、先に紹介した髙久さんの文章を引用してみましょう。

「中国古典との出会いは、ひょんなことからやってきた。まだ、バンコクの病院に入院している時だった。田口の事故を伝え聞いた在留日本人が見舞いにやってきて、ある差し入れを置いて行ったのである。

それが、『老子』だった。その後の田口佳史の人生は、その書物によって根底から変わることになるが、優れた書物というものは、本来そのような力を内包しているのだろう。

田口は絶望感に打ちひしがれ、絶え間なく襲ってくる激痛のなかで、藁にもすがる思いで文字を追った。漢語の原文と読み下し文のみが書かれている本で解説がついていたわけではなかったが、不思議と理解することができた。それまで、読み下し文に親しんでいたわけではない、『老子』についての知識も皆無であった。それなのに、難しい言葉がスラスラと頭に入ってきた。極限の痛みで書物を読めるような状態ではないのに、まるで乾いた土地にみるみる水が沁みこむように田口の頭に老子の思想が入ってきたという。

感覚が剝き出しだったのだろう。生きるよすがを希求する田口の魂と『老子』に書かれてある言霊が融合したのだ。そう考える以外に、ない。

そのようにして、田口は肉体的な後遺症と中国古典思想という、大事故がもたらした二つをもって、日本へ帰ることになるのである。

その後、日本に戻った田口は『荘子』へと読み進め、老荘思想に頭のてっぺんからつま先まで浸《つ》かることになる」

難解といわれる「老子」がすらすらと読めたことも不思議ですが、その説くところの「道」という存在が、ひどく身近に感じられ、心の安らぎさえ与えてくれる存在になったというのも信じ難いことです。しかし事実なのです。

「道」の説く死とは

次に思い出すのは、臨死体験です。臨死体験などという言葉は、当時は知る由《よし》もありませんでした。

夢の中の出来事と言えるのかもしれません。

トンネルを猛烈なスピードで先へ進んでいます。トンネルですから暗闇の筈ですが、幾つもの光が先方から流れて来ます。その中を猛烈なスピードで進んで行くのです。

やがて、パッと明るくなります。視界が開けるといった状態です。

そこは花畑と青い空の風景です。ぽかぽかと暖かく、鳥がさえずり、もの凄くよい香りが漂っています。きれいな花々の中に身を横たえて、こんな良いところはないとつくづく思います。

さァゆっくり眠ろうかと、ウトウトと微睡《まどろ》み始めた時、遠くで呼ぶ声がします。何と呼んでいるかは解りませんが、確かに呼んでいます。こんな時に迷惑な話だとしぶしぶ起き上ろうとする。

はっと目覚めると、そこはいつもの病室である、といったことです。何回もありました。

何しろもの凄く良い気分でした。

したがっていまでも、死を〝嫌なこと〟という気持は私にはありません。

少々日にちが経ってからのことです。

「老子」の説く「生死論」に驚かされるのです。

宇宙の根源、万物の産みの母親「道」にそもそも私はいたのだと説いています。「道」こそが私の故郷《ふるさと》なのです。その故郷から出ること、これを「出《い》て生き」（第五十章）と言い、出生と言います。そうか、出生とは「道」のもとを出ることなのか。

出てから私は「逝《ゆ》けば曰《すなわ》ち遠《とお》ざかり」（第二十五章）と言いますから、どんどん遠去かって行くのです。そしてある所まで来ると「遠《とお》ざかれば曰《すなわ》ち反《かえ》る」（第二十五章）と言っていますから、反る、折返し点があるということです。やがて「入《い》りて死《し》す」（第五十章）また故郷の「道」に入って、それを死という、とあります。

そうか、とつくづく思いました。

人生とは「道」を出ることなんだ。そして人生は「道」から遠去かることなんだ。やがて折返し点が来る。そしてまた「道」に入る、これを死というのです。まず解ったことは、私の本居、実家はこの世でなくあの世であること。「道」はその故郷の母親なのだということ。したがってこの世にはいわば旅行に来ているということ。そして死とは、そんなに恐怖することではなく、故郷の母親の懐《ふところ》に帰ることなんだと思いました。

この安堵ほど凄いことはありませんでした。

死の恐怖におののいていた私を救ってくれたのです。

真の「道」との対話

もう一つ忘れられない光景があります。

それは入院して最初に目覚めた時のことです。とんでもないことに突然襲われ、病院へ辿り着きその後に気を失い、そして目覚めたわけですから、まず周りを観察します。まず夜です。次に自分には無数の管が身体や口を被っています。その管は無数に下げられた薬品の瓶に繋がっています。視線を周りに移すとそこは大部屋でした。六十から七十のベッドが並んでいるのです。暑い場所ですから、廊下との境は大きな窓の板張りの壁です。外との境も同じ様なものです。したがって、強い月の光が窓から差し込み、部屋中を照らしています。まるで野戦病院の様に沢山の人の気配がします。痛みに呻《うめ》く声、何かを祈る声などが聞こえます。

ベッドとベッドの間の僅かな空間は何故か寝ている人で一杯です。患者と一緒に家族が引っ越してくるのでしょうか。

ベッドの上も患者ばかりでなく一緒に子供が寝ています。ベッドに大鍋がぶら下っていたりします。煮炊きでもするのでしょうか。そんな光景が月光に浮び上っています。

ふと横を見ると、いま一人の看護師さんが、ベッドの横の椅子に腰掛けて、大きな棕櫚《しゅろ》の団扇《うちわ》で私に風を送ってくれているではありませんか。

若いのか年を取っているのか、それは判然としません。しかしその神々しさといったらありません。月の光と相俟《あいま》って、観音菩薩《かんのんぼさつ》の様なのです。私はただ見詰めるばかりです。

すると看護師さんもこちらに気付いて、ニコっと微笑みます。

私は何気なくこう言いました。「私は大丈夫でしょうか」

すると看護師さんは顔を近付けこう言ったのです。「私の名前は××です。この名前の意味はハッピー（幸福）です。幸福がこんな近くにいるんです。大丈夫に決っていますよ」

それを聞いて私は、ひどく納得し天の御墨付《おすみつき》を貰ったような気になったのです。ゆったり安心の気持に包まれました。そしてまた眠りにつきました。

後日談があります。

その後快方に向った私は、是非この最初に会った看護師さんに、この元気な姿を見てもらいたい。お礼を一言申し上げたいと思い、何度も、この人を呼んでくれるように頼みました。

しかし叶《かな》いません。何度言っても駄目なのです。

到々退院の日になってしまいました。これでは帰るに帰れないと思い、強く強く頼みました。

やっぱり駄目でした。その日のその時間を担当した看護師さんが誰であったか判明しないというのです。通常勤務を終えてサインするべきところが何故か空白だというのです。病院の長い歴史においても、こんなことは一度もなかったということです。

いま私は、やっぱり「道」のしたことだろうと思っています。

こうして私は極度の緊張の中、トボトボと生に向って歩き始めました。

絶対的孤独の中で

そんな中、私を襲ったのは、孤独です。それもこれが限界という孤独です。私は「絶対的孤独」と言っています。

人間が死を迎える。その時の理想像は、美しい蒲団《ふとん》にくるまって、周りを縁者に取り巻かれて、あの世に旅立つというものでしょう。

少なくとも私はそう思っていました。それが見知らぬ土地の病院で、見知らぬ人に見送られて、独りトボトボとあの世へと旅立つ。

何ということだ、と思いました。
しみじみ孤独の無念さが身に染《し》みたものです。

痛みは間断なく襲ってくる。腹も背中も大きく裂かれているので、どっちを向いてもベッドに触れる。激痛が走る。少しでも身体を動かせばまた激痛が襲う。じっとしていても呼吸に合わせて痛みが四六時中感じられる。

そんな中、「老子」を開く。読み進む。痛みが遠退《とおの》く。文章が心に染みてくるのです。力付けられる。安心感が湧いてくる。ゆったりとした心持ちになる。

まず「老子」が私に与えてくれたものは、無条件で心が安らぐ。痛みが遠退くというものでした。また「老子」を読んだ日はよく眠れるということもありました。不安が薄まるからでしょうか。

日本に帰りたい

傷は驚異的に回復していきました。

やがて車椅子にも乗れるようになりました。看護師さんに押してもらいながら、広大な病院の中をよく散歩しました。特に病院の入口は一番好きな場所です。許される限りいました。世間との接点の様に思えたのです。様々な人がそこにはいて、そこへ行くと私も社会の一員なのだと確認できたのです。

そんな時、川岸に行こうということになりました。この病院はチャオプラヤー川に面しており、舟着き場もありました。当時バンコクでは舟はごく一般的な乗り物のようでした。舟着き場から川岸を少し行ったところで、しばらく風景を眺めることにしました。

川岸には多数のポールが立ち並び、そこには万国旗がはためいていました。その一本に摑《つか》まって立ち上り、日の丸の旗をさがしてみました。何と無いのです。何で無いんだろうと思いました。ひどく残念に思え、そのうち腹立たしくなりました。日本を忘れるとはどういうことだと思って、仰《の》け反《ぞ》ってふと見上げれば、何と摑まっていたポールの先に日の丸が翩翻《へんぽん》と翻《ひるがえ》っているのです。日の丸のポールに摑まっていたんだと思った瞬間、滂沱《ぼうだ》として涙が流れてきたのです。

私は特別愛国者ではありません。特に当時は自分の国に対する思い入れなどほとんどありませんでした。そんな私が、自分の国の国旗に涙する。意外でした。しかし涙は抑えようがありません。万感胸に迫るものがあったのです。

入院中の思い出では、何といっても次のエピソードが忘れられないことです。快方に向えば向うほど、次に願うのは帰国です。

何としても日本に帰りたい。この思いは凄《すさ》まじいものがありました。どうすれば帰れるのか。当然快復すれば良いのですが、それが待てません。一刻も早く帰

目次

先に出版した『ビジネスリーダーのための老子「道徳経」講義』と、今回この本が出版され、ここに理論と実践の二つの本が揃い念願が二つとも叶ったことになります。

誠に有難いと思い、感謝の念で一杯です。

皆さんが、より良い人生、愉快な人生を希求《ききゅう》されているのであれば、是非この二冊を必読書にして下さればと願います。

る方法は無いのだろうか。一時の休みもなく、その事ばかりを考えるようになりました。

そして結論として出したのが、「日本航空が引き受けてくれれば」という事でした。航空会社が了承して、私を責任持って日本へ送ると言えば、病院だってOKせざるを得ないと思ったのです。

そこでお医者さん、看護師さんかまわず、「日航の人を呼んでほしい」と訴えたのです。来る日も来る日も、人を見れば同じことを言う。

そのうち「またJALか」と相手が言うようになり、到々「ミスターJAL」とまで呼ばれるようになったのです。

そんなある日また「老子」を読んでいると、「道」とは宇宙の根本であり、天地や万物の母親、したがってこの世の存在で「道」の子でないものは何も無いと説かれているのです。

この世の全ての産みの親、こんな有力者はいないのではないかと思ったのです。

いわば〝有力なコネ〟と言って良い。ここに頼み込めば、何とかなるのではないかと思ったのです。それから宇宙の根源「道」に対して猛烈なアプローチをして願ったわけです。日航の人を呼んでほしいと願いました。

数日後、ある午後のこと、突然日航のバンコク支店の方が訪ねてくれたのです。私が「道」に依頼し、「道」がそれを叶えてくれた事の第一号でした。

しかし私の願いは簡単に断わられてしまいました。「それは無理というものです」「早く良くなって退院の許可を得て下さい」。何回も繰り返して、言われました。

しかし私にとっては願ってもないチャンス。これを逃《のが》してなるものか、と思ったのです。

ベッドで寝ている私は、やにわに腕を伸ばしてその人の片足の太股《ふともも》を抱え込んだのです。

いま考えれば異常な行動です。しかしその時はこれしかないという一念です。

「私の願いを聞いてくれるまで、この手を放しません」と言いました。

余りの私の異常な行動に、怒りをともなって戸惑っていたその人も、だんだん冷静になり、そのうち黙ってしまわれました。

しばらくしてお互いに疲れを感じる頃、その人はこう言いました。

「私にもあなたと同じ年ぐらいの息子がいるんだ。その子が難病でね。いま私は単身赴任でこちらに来ているんだけど、どうしているかなぁ、と思ってね。あなたのご両親も同じ思いだと思うとね……」と涙ぐまれました。

意外な展開に、今度は戸惑うのは私の方でした。

そしてその人はこう言われたのです。

「解りました。あなたの気持は充分に解ったつもりです。私が出来ることは何でもやりましょう。待っていて下さい」

私は生涯で一、二度あるかという感動を体験したのです。

その後私は何故かその人とは会わずじまいでいます。しかしそれから一週間後、私は帰国することが出来たのです。ファーストクラスの座席にベッドをつくってくれて、そこに横になって帰って来ました。

一番強い願いは叶えられたのです。

帰国して直ぐに、危篤《きとく》になりました。

願望が達成されたのは、実に有難いことでしたが、日本に帰って入院した後の願望といえば「社会復帰」で、そんなこと夢のまた夢でしたから、願望が空白になったのです。そうしたら「機能不全」、身体全体の機能が落ち込んで危篤になってしまったのです。

恐ろしいことです。願望や目標が無くなった途端に身体が機能しなくなるんです。改めて強烈な印象でした。

心境を一変させる

日本に帰って来ての入院生活で、忘れられない思い出は次のことです。右の腎臓が刺されており、化石化していました。もう一つの左の腎臓も機能がもう一つ回復しないので「人工透析」をすることになりました。

左足は、運動神経と知覚神経が麻痺しているので、円滑に動けません。丸太を引き摺《ず》って歩いているようで不自由なのです。階段を上るのも苦労です。結局は切断して義足にした方が生活し易いということになりました。

三十才を前にして、人工透析で片足、更に背骨の横の横突起骨もバラバラにされて保護するものがなく、神経叢《そう》が触れて呼吸の度に痛みが襲います。しかもPTSD（心的外傷後ストレス障害）もあって、まともに人込みが歩けません。

今後の人生をどう生きたらよいのか。

いきなり奈落の底へ突き落とされた様な状態です。

絶体絶命のピンチを迎えました。

救ってくれたのは、やっぱり「道」です。

そんなある日、私の心境を劇的に変化させる一文に出合うのです。

英文学者の福原麟《りん》太郎《たろう》氏の「一片の赤誠」という文章です。

大意は次の通りです。

われわれ（福原氏）の前の世代（明治初頭の人々）は、「立身出世」を人生目標としてその人生を歩んだものだ。しかし、その結果は、大成功者と言われている人も、死の間際は安寧とは言い難い死の恐怖との戦いに終った。つまり「立身出世」こそが人生目標というのは疑わしい。

何故なら、死を迎えても泰然自若《たいぜんじじゃく》の心境でいられることが重要だ。それは真に納得のいく、満足感のある人生を生きるかにかかっている。それが何かをわれわれ次の世代の者は考えた。それは一つ「悔いの無い人生」を生きることだ。そしてそれは、人から命ぜられるものではなく、「自分の自分による自分らしい人生を生きる」ことでしか得られないということを悟った。したがってわれわれの世代の多くはそうして生きている。私（福原氏）もそうして生きている。私の場合でいえば、だから私は英文学を翻訳して日本語にして紹介する時、原文はピリオドだけど、ここはカンマの方がいいのではないかと、一つのカンマ、一つのピリオドまでも大切にして、熟考して、ここはカンマにしようと決めて日本語文にする。自分の死後、それが何百年後であろうとただ一人の人でも、その事に気付き、これは大した訳だ。よくカンマにしてくれたと感心してくれる人がいたら、百年二百年の時空を超えて、私の人生が輝くことになるのだ、と書いてありました。

この「自分の自分による自分らしい人生を生きる」ことこそが真の生き方だという所に、何かひどく気付かされることがあったのです。

そうか、と思ったのです。

自分なりの人生といえば、「人工透析で片足」なんてその典型例だ。これぞ誰にも真似出来ない自分らしい私だけの人生だと痛感したのです。

「人工透析者の為の雑誌」をつくったらどうだ。「患者の懇親会」はどうだ。「片足日記」という本を出したらどうか。など、堰《せき》を切ったようにどんどんアイデアが広がります。

奈落の底であった病室が、希望に溢れた春の野原に一変したのです。

そうしたら、目に見えて回復をしました。腎臓ももう一つが回復して、人工透析の必要がなくなり、片足も薄紙を剥ぐように知覚も遠くに感じるようになり、それが日々近付いて来るようでした。それにつれて運動神経も回復して、普通に歩けるようになりました。

精神的にも前向きになり、積極思考になったので体調も良くなり、病室を早く出ようと意欲的になりました。退院が早くなりました。

「道」に心の底から願う。

すると「道」は、その願いをごくごく自然な形で実現させようとします。きっかけを与えてくれたり、人と出会わせてくれたり、そのやり方はいろいろです。それこそ思いもしなかった方法であることが多いのです。

無理なく自然に行って、気付いたら願いが達成し、実現されていることとなります。

もっと辛い日々が

思ってもみなかったことですが、やっと自宅に帰ることが出来ました。

感無量でした。

しかしそれもほんの数日で、その後は社会復帰という途轍《とてつ》もなく大きな命題が迫って来たのです。

〝働かざる者食うべからず〟

こうした言葉が日に日に強く脅迫してくるのです。

私の場合の社会復帰といえば、ある大きな制作会社を退社して有志で創業した小さなプロダクションに戻ることです。

来週の月曜日から出社しよう、と心に決めます。

前の日久し振りで着る背広、ネクタイ等を出して用意します。

そして月曜日の朝、〝さぁ今日からだ〟と起きようとしても起き上がれないのです。猛烈な腰痛が襲って来ます。身体を動かすことも出来ません。結局その日は断念し、次の週の月曜日からと会社の了解をもらいました。

さァ、次の月曜日です。前の日までは体調はまぁまぁ順調です。しかし、どういうわけかまた腰痛です。

これを繰り返して、何と一カ月延期が続きました。さすがの私も〝これでは首になってもしょうがない〟と思い、次の月曜日は這《は》ってでも行こうと決意を固めます。

その前日の日曜日、責任者の人がわざわざ自宅に見舞いに来てくれました。ところがです。帰り際にその人がとんでもない事を言うのです。

「今度、会社、解散する事になってね。まぁ君の場合は、健康ももう一つだ。じっくり治したら」

「いや明日は絶対行こうと思っています」

「それは君の自由だが、会社は解散の作業をやっと終えたところでね。来てもらってもという感じですがね」

小さなプロダクションの解散などよくある事です。そういう世界だということもよく解っています。でも、それが〝いま〟でなくても。それが〝私の会社〟でなくてもと思ったのです。こんなショックは、そうそう有ることではありません。無職になってしまったのです。

本来はここでこそ「道」を思い出し、「道」に救いを求めるべきです。しかしまだまだこの当時は「道」との縁も薄かったのです。目の前の事態に精一杯で、思い出しもしません。

こういう時は、取り敢えず日銭を稼ぐことを考え、その頃多かった地下鉄工事へ行って肉体労働をすべきでしょう。しかし身体に難のある私にはそれは出来ません。

では就職はどうか。面接はともかく、健康診断で落ちるでしょう。万が一受かったとしても、その頃はPTSDがまだまだひどく、突然水牛に襲われた後遺症か、突然目の前を子供が走り抜けても全身が動かなくなってしまうのです。

スクランブル交差点の真ん中で発症し、一人取り残されたことがあり、それからはその恐怖も加わってしまい重症になりました。

腎臓の障害の為か、トイレへ行く頻度が急なのです。行かないとなったら一日行かない。行くとなったら三十分置きに行くという調子です。そうした条件に合った職場でないと働けません。

八方塞がり。光明はどこにもない。

どうしたら良いのか。

ただひたすら腰痛に耐えて蒲団を被って寝ているしかないのです。

更に追い込まれる

そんな状態のある日、友人達が「よく生きて帰って来た」という会を開いてくれる事になりました。何度も断わりましたが、好意を無にすることは出来ず、了承しました。その日が近付いて来るのが恐怖でした。

自分はこんな状態です。何の希望も持てず、生活することもうまく出来ない。合わせる顔がないのです。どんな顔していれば良いかが解らない。多くの出席者は、二十代後半、早い人は係長とか課長とかになって、はつらつと輝いて生きているんです。

弱ったなぁ、と悩んでいるうちに、到々その日になってしまいました。

朝から切羽詰まって、ウロウロしています。あっという間に夕刻になり、約束の午後六時、新宿に行くべき時間になりました。

モゾモゾと背広に着替え、久し振りにネクタイを締め、重い足どりで駅へ向います。JR中央本線の西荻窪駅です。

ホームにまで行きましたが、どうしても電車に乗る気になりません。取り敢えずベンチに座って考えてみました。

ここで電車に乗るとどうなるか。新宿へ着き、会場へ行ってしまう。とどうなるか。いや、決して行けない、と思う。しかし行かなきゃ申し訳ない、とも思う。頭がグチャグチャになり、そうした苦しさに何故追い込まれなければならないのか、と思った瞬間に、涙が流れて来ました。自己憐憫《れんびん》の涙です。

その時、ふとその光景を見ているもう一人の自分がいます。

その自分がつくづく言います。「こんな人込みの中で、いい若い者が泣いている。情け無いにも程がある」

そう思えば、その通り。こんな情けない奴は死んでしまう事だ。これからもこんな風に暮して行くんだろう。その位なら死んでしまえ。

考えてみれば絶好の場にいるわけで、電車が来る。三、四歩を歩く。目的達成。ふらふらっと立ち上った私の耳に、その時とんでもないことが聞こえて来たのです。

千葉から来ている行商のオバさん二人が、ベンチの向う端に座ってこんな話をしていたのです。

「あんたね、今朝、ここ大変だったんだから」

「エッ、何が。どうしたの」

「ちょうど、ここん所。自殺があって。血だらけ」

「へェ、自殺⁉」

「そうそう。若い人。何で死ぬのかねぇ。何やったって生きられるよねぇ」

それを聞いて出鼻を挫《くじ》かれ、私はヘタヘタとまたベンチに座り込みました。

ここで、自殺。人が死んだんだ、と思ってそこをもう一度よく見てみます。電車が着きます。人がどっと降ります。乗ります。

貴重な一人の人間が、死んだ。そのまだ同じ日だというのに、その場所だというのに、多くの人はそんなこと知らずに、いやそんなこと吹き飛ばす様に、踏みつけにしている。次々と電車が着く。多くの人が踏みつけにする。そこには、何の感傷もない。

「ああ、世の中って、こんなものなんだ」

一人の人間が死んだ生きたなど、何でもない。この世はダイナミックに動き続けているんだ。エネルギッシュに先へと進んでいるんだ。

そんな世の中に住んでいるのに何を小さく、気弱にやっているんだ。もっとダイナミックに、ふてぶてしく生きたらどうなんだ。

そう駅の電車の風景は言っているのです。

私はようやっと、開眼したのです。

こうして気持は吹っ切れました。しかし状況は何一つ全く変らないわけです。この無職の状態を脱しなければなりません。

定時に出勤して、管理されて働く事は出来ません。肉体を使う事も無理です。有効な資格もありませんし、際立って人に上廻る特別の能力も技術もありません。

と、こうして考えて行くと、また奈落の底へ逆戻りです。そこで発想を変えて、自分が出来る事を書き出してみる事にしました。

結論は「書く事」です。書くのであれば、寝ていても出来ます。出掛ける必要も、肉体を駆使する必要もありません。

これだ、と思いました。

人間はその気になって考えれば、何か突破口が見付かるものです。

中学時代の大挫折

私が何とか自活の道を得られる事になったのには、生れながらの厳しい体験と、中学生の時の大挫折の体験があります。

私は超未熟児で生まれました。時は昭和十七年、戦争中です。満足な保育器すらない時代です。三才までが生命の危機と言われました。空襲の激しくなる中、よくぞ生き延びたと思いますし、その為の後遺症も一切ありません。

しかし身体の発育は全く遅く、小学校入学時も、同級生の半分ぐらいの身体の大きさでした。ですから、何といっても体力がありません。朝学校へ行くだけで精一杯です。そんな状態でしたから、学業の習得など、全く期待出来ません。そのうち学校へも段々行けなくなり、自宅にいる事が多くなりました。俗にいう

〝引きこもり〟です。

当時の唯一の楽しみは、地図を眺める事でした。その後に地図を描く事も始めましたが、これも楽しい事でした。何故かいまだに解りませんが、地図を見ているると気が落着き、飽きる事が全くありません。何時間でもじっと見詰めていられます。地図にだけは集中出来たのです。自分で地図を創る事も楽しい事でした。最初は自宅の周囲などリアルな地図を創っていましたが、そのうち見知らぬ土地や想像の世界を描き始めます。何とも至福の時でした。

もう一つは「偉人伝」を読む楽しみです。偉人勝海舟の血を引いているといつも言われ、伝記を読んだ事から、人の一生の面白さに魅せられました。

母親はその頃から『易経』などの勉強を始め、後年大家と言われましたが、当時はまだまだ実践勉強中で、悩みの相談などをやっていました。昔は何をやるのも茶の間でした。

大き目の炬燵《こたつ》が切ってあり、一年中そこが私の勉強部屋でした。と同時にそこが母親の相談場所でもあります。偉人伝を読んだり地図を描いたりしていると同時に、深刻な相談のやりとりを聞く事にもなります。そんな日々を暮していますから、何とも表現しようもない不思議な少年になっていきます。

したがって隣近所の評判はすこぶる悪い。学校にとっても当然困った存在であり、級友も〝あの変わり者が〟ぐらいの印象です。どこへ行っても良い評価はありません。

そんな状況の時、父親の転勤があり、京都へ転校する事になったのです。言ってみれば、絶好のチャンスが来たのです。

見知らぬ土地で私がどの様な人間かを知っている人は一人もいません。人生をやり直《なお》そうと思いました。

そう思って転校したせいか、何事も味方してくれているように思えるほどです。例えば、国語の時間、朗読の必要がある場合は、「田口クン読んでや」と先生が標準語で読めと晴舞台を与えてくれるのです。読み終えると拍手が来ます。自分に対する拍手などそれまで一回も受けた経験はありません。こんなに嬉しいものかと思いました。

そのうち昼休みの給食中、校内放送の中で十五分、名作を読むという時間があって、それを担当する事になりました。全校に私の声が響きます。終って自分の教室へ帰る廊下で出会う人々が、拍手をしてくれます。つくづく別世界へ来たと思いました。

そうなると教科も頑張るようになり、成績もグングン上昇しました。何と身長も驚くほど伸びたのです。

転校により私の人生は一変しました。

やがて小学校を卒業し中学進学となりました。京都の代表的私立中学三校を受験、見事合格し、最難関といわれる中学へ進学しました。

何もかも、以前を考えれば夢の中です。

これで私の人生も学校エリートの道をひた走る事になると、確信しました。

ところが入学して一年も経たない時、父親がまた突然転勤で東京へ帰る事になったのです。

あの悪夢の様な世界へ戻るのか。

呆然としました。

一人残ると言い張りました。父親の条件は「自活出来るのであれば、そうしろ」というものでした。

よし自活してやろうと思いましたが、所詮中学一年では無理です。泣く泣くまたあの劣勢に立たされる世界に戻ったのです。

この私にとっての大挫折で、明確になったことが二つありました。

一つは、学校エリートの道は閉ざされた。技能エリートの道を目差すしかない。学歴で食うのでなく、自分の技能で食うしかないとはっきり自分に言いきかせたのです。

もう一つは、「人間は自活出来なければ、悲惨なことになる」。これも身に染みて解ったのです。

東京へ帰ってからも、考えるのはその事ばかりです。さすがに中学では無理でしたが、高校では、ギターが上手になり、プロとして通用する技能を身に付け、それなりに稼ぐことが出来ました。大学に入ると完璧にプロとなり、高額のギャラを貰えるようになりました。お陰で学費も自分で払う事が出来ました。

こうした経験が、無職になった危機に際して役立ったのです。「自活力」をつけていたお陰だと思います。書く仕事で食って行こうとして、TV番組の台本、演説原稿から取扱説明書、結婚式の親への感謝の手紙まで、書ける仕事は何でも全部やったのです。

2 三十代での「道」との交流

「道」との本格的な出会い

三十才になりました。

書く仕事はそれなりに認められて仕事量もどんどん増えて、それなりの収入になりましたが、一生の仕事かと言えば、そうではありません。そもそもそんな気持でいませんでした。

あの大怪我から五年が経ち、そろそろあの白髪の老人と交わした黙契を果すべく、そうした道に歩み出すべき時だと思ったのです。

そこで考えたのは、世の中を良くする仕事といってもいろいろある。出来れば効果的である方が良い。となれば、多くの人間の人生を左右している人を手助けする事だ。それは経営者だ。大企業であれば一万名ぐらいの人間の人生を司《つかさど》っている。中小企業でも、例え四、五名の社員しかいなくとも、その人達にすれば死活の決め手を握っている人、それが経営者だ。その人を手助け出来れば、効果は計り知れないと思ったのです。

「経営者に対しアドバイスをする会社」を設立しようと思ったのです。

ちょうど三十才の時に会社を設立しました。

何かの〝当て〟があって創業したのではありません。

他の道は全て閉ざされていたので仕方なくというのがほんとうのところです。

そんな弱い動機による創業ですから旨くいきっこありません。

自分の六畳のアパートがオフィスです。夫婦二人が最低限の生活をする為の収入は、前職の〝書く仕事〟の中の定期契約で残ったもので稼ぎました。

毎日何をやっていたかといえば、どうすればこの仕事が成り立つのか、をひたすら考える事。後は古本屋で借りてきた経営書を片っ端から熟読していきました。

あっという間に一年が経過しましたが、事態は改善されません。先行きに対する不安、この仕事を選択した事の不安、健康に対する不安、不安ばかりが押し寄せて来ます。

家内にもまともな暮しを提供しなければという焦り、全てが遅々として好転しない焦り、焦りもまた襲って来ます。

その時改めて〝そうだ、オレには老子がある〟と気付いたのです。

忘れていたわけではありません。しかし真剣さに欠けていました。心の底から一字一句しっかり読もうと決心したのです。

するとそこに、あの「道」がいます。

「道」とも本格的に人生を共にしようと決意しました。

「道」はすぐに答えをくれました。

一つは、そうだ、この老子も含めて「中国古典」を本格的に学んだらいいんだ、と気付かせてくれました。

もう一つは、いきなり社長に会おうとするから無理なんだ。まずは課長でいい。課長と一緒に上司の部長の役に立つ事を懸命にやったら、部長に認めていただける。今度はその部長と一緒になってその上司の役員の役に立つ事に全力投球する。役員に認めていただいたら、今度はその役員と一緒になってその上司の社長の為に働く。こうすれば、社長に到達できるじゃあないかと、「道」が教えてくれたのです。

この気付きは実に有難いものでした。

雲を摑む様なテーマであった「経営者に対するアドバイスを行う」も少々実現性の高いものになりました。

中国古典を学ぶ

一つ目の中国古典の本格的な勉強の方は、何と一週間もしないうちに知人のお兄さんが、大学で漢文の講師をしている事が解ったのです。

「道」の問題解決の仕方は、実に千差万別、多彩なのですが、一つ共通している事があります。それは、実に効果的な方法を提示してくれるのです。ただヒントをくれるだけでなく、最もそれにふさわしい人を紹介してくれるなど、実に気が利く解決法を示してくれます。例えばここで言えば、その時の私、金も無い初心者である私にうってつけの指導者を紹介してくれたのです。余りに大先生でも困るし、高い授業料を要求されるところも困ります。

早速先生を大学にお訪ねしました。

年の頃五十才ぐらい。私より二十才ぐらい年上の人でした。

学生食堂の片隅で、しっかり勉強したい。出来たら数十年後でいいから、それを職業にしたい旨を申し上げました。

一言で断わられました。

余りにも年令が高過ぎる。一般には十九才で始めるわけで、約十年遅いというわけです。

きれいさっぱりに断わられたので、二の句が継げず、モグモグ言っていると、可哀想とでも思ったのか、「共著ですが」、と言って本を一冊くれました。四書についての本でした。こうした本を出すまでになるだけでも、えらい苦労があったことを語ってくれました。断念させようと思ったのでしょう。

二、三日経って、益々熱意は強まるばかり。

そこでもう一回だけ会って戴けないかとお願いしました。知人の口利きもあり面会は了承されました。時間が無いとの事で、結局駅のホームで待ち合わせることになりました。何気なく行ってみてびっくりしました。西荻窪駅のあのベンチの側《そば》なのです。この世は何かが繋がっているとつくづく思いました。

そこで先生は、それ程言うならと私に宿題を出し、その出来栄えで決めたいと言うのです。

その宿題とは、次のことです。

中国古典を読むのに必須のことがある。それは「東洋的視点」である。

それは、「根源的、長期的、多様性」をもって文章を読む事だ。これが無く文章を読んでも、文章の真意は理解出来ない。だから表面的な解釈で終始し、感動がないばかりか、作者との共鳴性や共感性も生まれないから、〝意を汲む〟事が出来ない、というのです。

その修得の方法は、まず今日から何を見ても読んでも常に「その根源は」と問い続け、根源を追究する。そうして数カ月鍛錬すると、そのうち誰かが、「随分根源的にものを見るのですね」と言ってくれる。そうしたらこれは合格。次は「長期的（歴史的）」に移り、何を見ても読んでも「その長期的推移、その歴史的変遷」を追うことに徹する。すると数カ月経って誰かが、「随分歴史的に見るんですね」などと言ってくれたら合格。次は「多様性」だが、根源的は深い思考、長期的は広い思考、その二つが一瞬に交差して思考するから、多様性を得る事になる。したがって前の二つをしっかりやれば、多様性は付いてくるという事です。

全部修得するのには一年ぐらい必要だから一年後にまた会いましょう。身に付いていれば、指導しましょう。身に付いていなければ断念した方がいい、との事でした。

一年後、何とか合格し、その後二、三年ご指導願いました。しかしその中国古典の指導もさる事ながら、この「根源、長期、多様」の思考法は、その後の私の武器となり、どれだけ助けになったかしれません。

例えば、ある会社の社長のアドバイスを引き受ける時、どこでも厳しい試験がありました。

そんな人の良《よ》い社長は一人もおらず、厳しい試験が待っています。

それは、その会社のエリート社員との御前試合に勝つことです。
二、三人の頭脳明晰を誇る凄腕が出て来ます。社長が問題を出します。例えば「今般自社の欠陥商品の発生で、手当てをしておくべき先はどこか」といった事です。
エリート社員が答えます。注意すべき点、手当てすべき先方は二十カ所ありますなどと答え、その詳細を言うのですが、二十カ所と聞いた瞬間、私は勝ったと思うのです。

根源、長期、多様のお蔭で、私は八十カ所ぐらい挙げる事が出来るのです。圧倒的な安心感を社長に与える事が出来るのです。

いまやこれを「大局観思考法」といって、多くの受講生に身に付けてもらっています。

「道」が後を押してくれる

三十代に入って、人生どう生きるか、について考えざるを得なかったことは、やはりあの白髪の老人との黙契に理由があります。

世の中の為、人の為に生きる。それには、世の中の為、人の為に生きている人を手助けする事だ。それこそが経営者だ。社員は勿論、関係会社や取引先の社員、その家族に絶大なる影響力を持っている。こうした人を手助けする事こそ、世の中の為、人の為に生きることだと思い、会社を始めました。しかしそう甘いものではありません。何をやっても旨く行きません。

しかしその悪戦苦闘の中で、人脈を広げるコツを、「道」から授《さず》かったのです。会社の経営者として一段階上ったように思いました。

少々経営も軌道に乗ってきたので、貧相ながらも古屋を買い自宅をもちました。そうなると事務所を一緒にすることが不可能になり、千代田区麹町のアパートの一室に初めて会社を独立させて開業したのです。うれしかったです。やっとここまで来たかと思いました。何しろ一つ一つに勇気が必要でした。いわば大きな賭けをしているようで決断が必要でした。

ところが当時の私の最大の欠点が決断力のない事で、何事も決められないまますぐにズルズルと一、二カ月経ってしまう有様です。新たな悩みが出来たという事です。当然「道」に善処を頼みます。不安を一掃するためにも心の底から頼みます。すると「道」は、決断せざるを得ない状況をつくって私に迫ってきます。

古屋を買う時ももう一人買い手が現れたのです。早い者勝ちになってしまいました。事務所を出す時は、信用金庫がもう待てない。これ以上延ばすなら信金の内部審査が厳しくなるというのです。押されるように決断をせざるを得なくさせてくれたのです。

その前から「中国古典」、つまり古典の読み方や漢字の読み方について指導を受けていました。

それに応じて何か一生の決意を表す事を実行し続ける事が大切ではないかと思ったのです。

いろいろ考えた末、何しろ毎日古典を読む事が重要で、それを習慣化しようと思いました。

そう思っているところ、一冊が当時の私にとっては高価な「漢文大系」の数冊を、家内が買ってプレゼントしてくれました。日々の暮しにも事欠く時に、よくぞしてくれたものだと思いました。

こうなったら読み続けるしかないと思い、出社時間の前二時間を当てようと、五時から七時、何しろしっかり読むことにしました。三十分で朝食を済ませ、七時三十分に家を出る。通勤に四十五分かかりましたから、八時十五分に出社する、というスケジュールが出来上り、その後三十年間ずっとこれを続ける事になります。

読み進めば進むほど理解が進むし、したがって面白くなりますから、格別苦労とは思いませんでした。

これだけこの習慣を続けていると私自身の生活時間になってしまっていますから、時間帯は違いますが、いまでも一日二時間古典を読む事を続けています。

自己改善をする

事務所を出して、事務員の女性を雇い、更に二名アシスタントに入社してもらい、一人で始めた会社も四名になりました。

しかし思う様にはいきません。何が悪いのかと頭をかかえる毎日です。当然「道」に頼みます。いつも「道」は何か最も有効な答を提供してくれていたのです。その時も飛び切りの解決策を期待しました。

ところがです。決定的なことが起こりました。頼りにしていたクライアントに契約更新はしないと言われたのです。

頼りにしていた「道」に裏切られた思いです。唯一の頼り「道」にも到々聞き届けてくれない時が来てしまったかと、ガックリ落胆しました。

出社して打合せをして、直ぐに外に出ました。ふらふら歩いて、と或る喫茶店に入りました。

もうこうなったら頼りは自分でしかない。そこで「自分の何がいけないのか」書き出してみようと思ったのです。

その頃KJ法という問題追求の方法が流行していました。私もそれを習得していましたのでやってみました。最後の最後に、問題の核心が明確に表れるのです。

最後の言葉は次の様になりました。

「決断力がない」

解っていましたが、改善しようとも思いませんでした。そのうち自然に直るぐらいにしか認識していなかったのです。しかし考えてみれば決断力がない事が、ことごとくチャンスを台無しにしていたのです。これではまともな経営など出来ません。

もう一つあります。

「他責ばかり。自責なし」

これは全く考えてもいませんでした。ところがそう言われれば、全くその通り。私の頭には、旨く行かない原因は全て他責しか浮かばなかったのです。社員が悪いから始まって、競合会社が悪い。市場状況が悪い。時代が悪い。自分の事は棚に上げて、全部他人や他社、周囲の所為《せい》にしてしまっているのです。

「決断力がない」「自責でない」

この二つを徹底的に改善しない事には、会社の発展はないとKJ法に言われたのです。

ではどうするかです。

まず決断力は、その時三つの決断事項をかかえていました。人材の強化の為の採用です。候補がいました。しかし、提示された条件が高過ぎるのです。事務職の女性も一段レベルアップした営業補助の出来る人材と思っていました。こちらも候補がいました。キャリアといい能力といい申し分ない女性です。もう一点は、融資の申し出がありましたが、様々な部分で重荷になるのではないかと懸念しました。

これこそ決断を迫られているのです。この三点を全て決断する事によって、決断力の強化を図ろうと思いました。

自責でない、については、自分の欠点を改めて挙げてみました。三十二項目挙がりました。基礎学力としての「経済学」や「経営学」の知識不足から、「度胸がなく気が弱い」まで挙がりました。

決断力強化の為にも、三つの懸案は三つとも決断し、入社してもらい、融資も受け、株を一部持ってもらいました。

結果は。

全て失敗でした。事態はより深刻になったと言って良いような状態でした。新しく入社した人材は、能力もありましたが、プライドも高い人達で、何を指示してもその通りには動いてくれません。こんな小さな会社に来てやったのに、という態度が露骨に出ていました。融資の方も、受けた瞬間から、その会社の子会社のようになってしまい、無理な要求ばかりをして来ます。

結局決断力といっても正当な決断力を持たないとかえって悪い結果になる事を思い知らされました。

自己改善の三十二項目に付いていても遅々として進みません。したがって焦るばかり。こちらも前よりも悪化したと言って良いでしょう。

「道」との付き合いも深まる

私は一回冷静に考えてみようと思いました。何がいけないのか。相談相手がいなかったわけではありません。むしろ多かったと言えるほどでした。しかし真に私の心の状態など理解してくれという方が無理でしょう。したがって相談する相手がいない。だから自分で決めたのですが、これがことごとく失敗。更に追い詰められる事になったのです。

どうするか。

また浮かんだのは「道」です。

もう一回「道」に相談してみようか、と思ったのです。

何故ことごとく旨く行かないのか。

「道」に聞いて数日経ったある日、V9の巨人軍川上監督のインタビューをテレビで放送していたのです。

川上氏は、その時の私にとっては決定的なアドバイスをくれたのです。

川上さんは、こう言いました。

「易しい事が出来ない人間に、難しい事は出来ません」

そうか、と思いました。

決断力というと、何か大層なことを決める事だと思っていたが、そうではないのだ。日々の暮しの中で決断出来ない人間が、そんな大層な事が決められっこないとつくづく思ったのです。

現に昼食です。当時は事務所の三軒隣りのそば屋さんに行くのが通例でしたが、注文がなかなか決まらないのです。よし、今日からは店に入ると同時に、その時浮かんだものを注文しよう。好き嫌い、食べたい物などは、当分止《や》めだ、として実行したのです。

改善点三十二項目も、難しい事から始めてしまったのが挫折の原因でした。易しい事から始めることにしました。

そうしたら、どんどん出来てくるものですから張り合いも出て、長続きしました。

ある日知人から、「田口さん、決断力ありますねぇ。感心しました」と言われました。

その瞬間に、そうか、と気付いたことがあります。

「道」のそれまでの対応は、依頼したその事についての解答を直接提供してくれていました。例えば、良い顧客を何としても一社欲しいと言えば、直接そうした顧客をつれて来てくれました。しかしこれでは、根本的解決にならない。やはり根本的欠点の是正、問題点の解決をしないと、ほんとうに提供したことにならないと「道」が考えたのではないか。

そのチャンスをくれたんだ、と確信したのです。

「道」との付き合いも、一歩深まったといって良いでしょう。

生き残ったプレッシャー

三十代の悩みの一つに、生き残ったからこそ起きるプレッシャーというものがありました。

整理をするとこのようになります。

あの重傷を受けた事故の直後は死と隣り合わせで、常に死の恐怖が襲ってきます。それとの闘いの日々です。

それが過ぎて死の危険性が薄まると、個々の障害との闘いになります。腎臓を刺され、もう一つの腎臓の機能不全で人工透析をせざるを得なくなりました。左足の運動神経、知覚神経不全で、片足になりかけました。激しい腰痛もあります。刺された傷が旨く治ってくれず化膿し、ひどくなりました。ＰＴＳＤ（心的外傷後ストレス障害）も深刻でした。背骨の横の横突起骨がバラバラにされ、その痛みもひどくありました。これ等との闘いです。

三年も経つと治るところと治らないところが明確になります。西洋医学ではここが限界となり漢方に頼らざるを得なくなります。やがて漢方でも限界を通告されます。

つまりそれは通院治療とリハビリの終りを意味しますから、その後は社会復帰を要求されます。

何とか仕事を見付けて、社会復帰のトレーニングの様な期間があります。

五年にもなると、正式な人生の路線へ入ることを要求されます。

そこで会社を設立したわけです。

当初は、軌道に乗せることで精一杯で、他の事は何も考えられません。

それも何とか円滑に進むようになると、つまりあの事故から十年も経った三十代の半ばも過ぎると、俄然《がぜん》強く襲って来るのが、「折角助けられたのに」という思いです。

例えば休もうとすると、もう一人の自分が「折角助けられた人間が、休んでいていいのか」と言います。

たまには温泉にでも行こうとなっても、「折角助けられたのに」が襲ってきて、おちおち楽しめません。

常にこの強迫観念が湧いてくるのです。

社会的に誰が見ても人助け、社会貢献だという仕事にでもならない限り、自分が納得しないわけですから、この強迫は終らないのでしょう。

そのうちノイローゼのようになりました。

これが四十代に入ってからも続きました。続くどころか、とても強くなっていったのです。休みが罪悪、楽しみが罪悪、罪悪感にさいなまれるのです。

例えば誰しもが休むような高熱を出して寝ていても、それは一層強く襲って来るようになりました。

これでは致命的な事になりかねないので、「道」に頼むしかなくなります。

頼んでから半年後、日本航空ジェット機墜落事故が起きます。一九八五（昭和六十）年の事です。私が四十三才の時です。

その後発表されたある新聞記事に、私の眼は釘付けになります。

それは、墜落直前に書かれた乗客の家族に対するメッセージ、いわば遺言です。

複数の人々の走り書きが掲載されていました。

その内容が私の心を打ったのです。

表現は各々《おのおの》ばらばらでしたが、言っている主旨の多くは共通していました。

何と私は読んだか。

「私の分まで生きてくれ」

そうか、と私はつくづく思いました。

助けられた人間、生き残った人間の最大の使命は、「死んだ人の分まで生きる事」なのだ、とはっきり思ったのです。

私の生き方が間違っていたのです。それが良く解りました。

私が自分の事故で危うく助かり、生き残った後も、何人の人が死んで行った事でしょう。その中には、無念の思いを強くして死に追い込まれた人も多い事でしょう。

助かり、生き残った私の生き方は、その人々の分まで生きる事なんだ。

それはどういう事か。

その人々の分まで喜び、その人々の分まで怒り、その人々の分まで悲しみ、その人々の分まで楽しむ事なんだ。

その人々の分まで笑い、その人々の分まで泣くことなんだということを、「道」がはっきり教えてくれたのです。

三十代で私を励ましてくれた「老子」の言葉

「無有《むゆう》にして無間《むかん》に入る」（徧用第四十三）

自分の主張や言いたい事ばかりを言っている人間だったので、入れないところばかりだった。この言葉に学び、水の様に形を持たないで、相手の形に添って発言するように心がけ、受け入れてもらえるようになった。

「善く戦《たたか》ふ者は怒《いか》らず」（配天第六十八）

怒りっぽい性格を静めてくれた言葉だ。

「美の美たるを知る、斯《こ》れ悪《あく》のみ」（養身第二）

他人と比較するなど、何事も相対的にばかり見ていた私に、絶対的に見ることの重要性を教えてくれた。

「與《よ》として冬川《ふゆ》を渉《わた》るが若《ごと》く」（顯徳第十五）

人生は、冬の凍り付いた川を行く様に、慎重の上にも慎重に歩むべきことを注意してくれた言葉。

3

四十代での「道」との交流

「道」の示した拡大策

社員の人数も増えて、経営の柱、売上の柱がもう一つ必要になりました。来る日も来る日もその事ばかり考えても、なかなか名案は出てきません。また「道」に頼むしかないのか。頼むとすればちゃんと頼もうと思い、いまの会社の現状を計数面から厳しく出し、近未来の理想としてはどの様な会社になりたいのか。そうした会社になる為には、どのぐらいの売上規模にならなければならないのか。そして、その規模になる為の新しい商品、新しい売り物が必要なのだと言って、具体的な回答をお願いしました。

一週間ぐらい経った時に、若い時の知人に銀座でバッタリ出会いました。知人というのは、グラフィック・デザイナーの青葉益輝《あおばますてる》さんです。

若い頃、私が映画監督をやっている時、東京都清掃局の依頼で「都市廃棄物」

をめぐる様々な問題を訴えた映画の製作を引き受けました。その時青葉さんは、同じ清掃局のポスターやパンフレット等のグラフィックの制作者であり、同じ世代でもあり、互いにライバル視しているところがありました。

ある時一献《いっこん》傾けたところ、共通の友人もあり、親しくなりました。

私が大怪我をして帰国し、自宅療養している時に不思議な手紙が彼からきました。

封を開けると中から手製のカードが出て来ました。銀座のクラブにこのカードを持って行くように、と書いてあり、カードを示せば無料になるとのことでした。彼の厚情が感じられ早速使わせてもらいました。そんな仲なのです。

喫茶店に入って久し振りに語っていると、彼がファイルを取り出し、いま米国で流行っている「CI（コーポレート・アイデンティティー）システム」だといって見せてくれました。ロゴ、マークなどを統一して、分散しがちなその会社のイメージを集中統一強化しようというものです。社内に対する効果もあるとのことでした。

いま赤白帽を配って組分けした途端に、その色に忠誠心が芽生え、その色の組の為に頑張るようになるといわれています。この効果が発揮され、自社に対する忠誠心が強化されるのです。

このファイルを借りて来て、一日眺めていました。つくづく、これこそ私に合った仕事だと思ったのです。

経営とアートの掛け算です。

映画監督というアートの世界が、企業経営の場で生きるのです。

ただもっと工夫して、何かを加えるともっと凄いものになると直感しました。

いろいろ考えた末に、二つの仕組みを加えて、独自性を出しました。

一つは「ＰＩ（パーソナル・アイデンティティー）システム」です。社員一人一人の人生の活性化を図ること。やはり会社は社員の意欲によりますから、これは効果的でした。そしてもう一つは、「モラール向上システム」です。社員の志気と志気が結び合って、組織全体をやる気の集団に変えるシステムです。これを苦労して一つの仕組みに創作したのです。

丁度その時経済雑誌の取材があり、この詳細を掲載してくれました。雑誌発売の頃から問い合わせの電話が鳴りっぱなしになりました。

断っても断っても注文が来ます。

そのうち断るのが惜しくなり、引き受けられるだけの人材を入社させていったのです。

四十代に入って「ＣＩシステム」導入の専門指導の会社になっていったのです。

もう一つ「業態変革」の指導も数多く行いました。

魚屋さんや八百屋さんが、やがてスーパーに発展することを業態変革と言います。これを円滑に進めるためには「生存領域」、自社独自の生き残るビジネス領域を明確にすることが重要です。悩んだ末に、「生存領域設定システム」を考案する事に成功しました。

こうして幾つかの独自のシステムを持ってクライアント企業の発展のため精力的に働き出したのです。

つくづく有難いと思いました。三十代の仕事が無い苦労の時代が嘘の様に思えました。全てが一変しました。

旨く行き過ぎた苦労

少々有頂天になっていたのかもしれません。

我が世の春はほんの三、四年で終りました。

社員が多くなれば、事務所のスペースも広いところが必要になります。したがって直ぐに人件費と家賃の為に働いているような状態になりました。

三十代の仕事の無い苦労が何とも辛く感じられましたが、四十代の仕事が旨く行き過ぎた苦労の方が余程辛いものがありました。資金繰りの金額が二、三桁違うという感じです。

ＣＩブームも一段落すると、逆転して今度は仕事の確保が重要になります。私は一日中一寸《ちょっと》した知り合いも全て訪ねてセールスに明け暮れています。人と会うのが仕事となり、夕食の約束では間に合わず、直ぐに昼食のアポイントになり、それでも済まず朝食の約束になります。結婚式に一日三組出たことも数多くありました。つまりフルコースを一日に三回食べたということです。地方の出張も多く、地方の会社は良いお得意でした。東京にいても朝、昼、晩の三食仕事となり、後は地方をまわっているのが普通でした。

出張続きで家を留守にすることが多く、自宅にいても三食外食で、家庭の心配事は全て家内にまかせっきり。段々子どもも成長し厄介な年令になります。家内からも生活の抜本的な改革を要求されます。

会社にもほとんどいられない状態が続きます。

ある日突然スケジュールが変ったので、出張先の名古屋から会社に戻ってみると、何と社員が応接室で麻雀をしているではありませんか。

何とも表現のしようもない無念さに襲われました。社員を充分に使えない無力な自分がつくづく嫌になりました。

会社の中にも私の苦労の理解者は一人もいない。家族に言っても理解出来ないでしょう。友人にも良い顔を見せていますから言えません。この世に誰も私を理解している人間はいないと思うと、急激な孤独が襲ってきました。

接待が終って夜の十二時頃、いつもは直ぐに車で帰るのですが、その日は帰る気にもならずビルの間の小公園のベンチに座って、夜空を見上げていました。

その時、ありありと見えたものがあります。

故郷の胆っ玉母さん「道」です。

そうだ自分には「道」がいるんだ。一人絶大なる理解者がいたのです。地獄で仏とはこの事かと思いました。「道」を頼ろうと更に強く思った瞬間です。

全ての弱点が出る

父親は既に十年もの間寝たきりになり、同じ年令の母親が介護していました。老老介護の典型です。

父親はとても静かな大人しい性格で、謹厳実直なサラリーマンでしたから、どちらかといえば活動的な母親がいつもリードしていました。息子の私の眼から見ても、言いたい事の一つも言わない父親に、もっと我儘でも言えばいいのにと思っていました。

しかし天は実に公平に配分をするものです。この十年の介護で完全に取り戻したと思えるほど父親は少々暴君になり、母親はよく面倒を見たのです。

そんな状態でしたから、私も休みが取れない時期でしたが、よく私の家族を車に乗せ、私の運転で見舞に行きました。

その日も午後二時頃訪ねて行きました。

父の家に近付いたところで、先方から救急車が来ました。左に寄って待ちました。

父親の家へ着くと、玄関の戸が僅かに開いていて、何か不吉なものを感じました。

家の中に入ると、ダイニングのテーブルに母親の走り書きで、「緊急に救急車で入院した」とあり、病院名が書かれていました。

そういえば、さっき擦れ違った救急車があったが、と思い、直ぐまた車に乗って病院へ駆け付けました。

それが父親の最期でした。

遺体を実家に運ぶ事になり、私は自分の車で後を追う事にしました。

既に時間は夕刻で、車の多い時刻です。いつの間にか見失って、一人先を急いでいましたが、全く見知らぬ場所に出てしまいました。

道を間違え、どこかでUターンをしなければと思っているとファミリー・レストランがありました。左へハンドルを切ります。

その瞬間左側を猛烈なスピードで走ってくるバイクとぶつかり、凄まじい音がして車が止まりました。

思ってもみなかった事故を起こし、葬式の準備の事も頭にあり、呆然としました。

結局そのバイクの青年は全くの無傷でありましたが、一緒に病院へ行き、警察の調べもあって、相当時間を食って、実家に着きました。

翌日が葬式です。

その最中に度々会社から電話がありました。

まず労働基準監督署が、調べたい事があると言ってきたというのです。しばらくして、次の電話は、今度は税務署から取引先の経理の裏付けの為に調査に行きたいというのです。更に次の電話は福島県の郡山にある取引先の会社から、早急に計画変更をしたいから、是非責任者である私に来てほしいと言って来たとのこと。

こうなると葬式どころではありませんが、結局三つの依頼にしっかりと対応する為に、ほとんど眠らず過ごしました。

全てが終って、精根尽き果てる状態でした。

しかしこれは、私の人生の最大の正念場でありました。何故こんな事になったのか、しっかり反省しなければいけないと思いました。

労働基準監督署は、数年前に退社していった女性が、私の会社を訴えた事から起こりました。全く訴えられる理由がありません。逃げている相手を何とか摑まえて、糺《ただ》したところ、失業中の夫がやった事で、捏《でっ》ち上げである事を認め、訴えを取り下げました。在社中はとても仕事の出来る子であったので、目を掛けてあげた事が仇《あだ》になりました。

税務署は、取引先が先方からの支払を、無理に一時この様に処理してくれ、と言ってきたのを了承してしまった事から起こった事です。

取引先の計画変更も、当初しっかりと相互で確認して契約していなかった事から起こった事です。

つまり全てが、私の甘さ、人間としての詰めの甘さが起こした事なのです。四十半ばで私の弱点が全て出るという、厳しい事ですが、有難い事でもありました。

私は「道」が最後の正念場として与えてくれた事だと思っています。徹底的に弱点の強化を図るようにしてくれたのです。人間としての甘さや弱さを、しっかり自覚して克服しろという事です。

自然との融合

四十代の混乱したような日々の中にも、それとは対比されるような、ひどく人間性を取り戻す日々も与えてもらいました。

幼児であった息子の参加した夏期キャンプの地を訪ねてみようと、ある日車を飛ばして信州の野辺山へ行きました。

何気なく寄った八ヶ岳の麓《ふもと》に、心を奪われるほどの魅力的な風景の場所がありました。

北欧などと共通する澄み切った空気の中に、真っ直ぐに伸びた唐松が連立しています。

神秘的な山の気が、心地良く心を洗います。その当時の荒っぽく過ごしている日々で失われていく繊細な感性を、一気に取り戻すように思われました。

これこそが「老子」の説く、「自然との融合」という事ではないかとつくづく感じられました。

人間は空気を吸わなければ生きられません。しかし都会での乱雑な生活では、空気を吸っているようで実は吸っていない。したがってひどく息苦しくなるのです。

この頃の日々の生活はまさに息苦しさそのものでした。だから、この八ヶ岳のゆったりとした豊かな空気と、それを生み出している樹林と山の広大な風景は、まさに酸欠にあった魚のような私を、見事に救ってくれる場所であったのです。

どうしても、ここに家を建てて住みたいと思いました。思いが余りにも強烈であった為に、その思いに突き動かされる様に、その夢の実現に向って走り始めました。

その土地の持ち主を探っていくと、驚くことに当時私が主催していた勉強会に参加している会社である事が判明しました。

こんな幸運な事があるのかと「道」の手際の良さに感心しました。

「道」と付き合い始めて、明確にそれ以前の私の人生と変化した事があります。それは、私が真底から願った事については、必ずと言って良いほど、成り立つ為の人物を「道」が連れてきてくれるのです。例えば、その実現の為のキーマンが、何と昔からの知り合いであるとか、たまたま会った人であるとか、こうした事が驚く程増えた事です。

これは「道」との付き合いが深まるほど、驚異的に増えていきました。

松下幸之助さんは経営者の必須の条件としては「運の強さ」を挙げておられますが、これを表す言葉が「たまたま、ひょんな事から、ばったりと」などで、予期しない幸せが突然やってくる事を表しています。松下さんはそれは「徳」(自己の最善を他者に尽しきること)を尽すことにより、強化されるといっておられます。

この時もその会社の、その土地の販売事業の担当常務がたまたま、毎月勉強会で顔を合わせる、ごくごく親しい仲の人でありました。

その人の尽力もあって、資金としての借り入れの話も円滑に進み、土地の整備から家の建設までもが何かに押されるように実に円滑に進んでいったのです。

少し前には思ってもみなかった事が、こうして実現してしまいました。

この山の家がもし無ければ、結局は空気がしっかり吸えない都会暮しだけに終ったわけで、身体を悪くし、心を傷つけて、とても深刻な事態に陥っていた事でしょう。

何度となく、この山の家には、その後救われる事になりました。

山の良さのうちの一つに、自然との対話の能力が芽生えてくる事が挙げられます。

風景全体が何かを私に話しかけている、あるいは何か情報を与えようとしている事が、良く読み取れるようになります。

俗にいう感性が磨かれるという事でしょうか。これが鋭敏になると、日々の仕事の中でも得がたい情報が得られる事になります。

社長業というのは、多彩な情報、玉石混淆《ぎょくせきこんこう》な情報が押し寄せてくるものです。したがって、乗ってはいけない情報も沢山来ます。それが解るようになります。

善悪や真偽が手に取るように見抜けるようになります。

四十代までは、いま思ってもひやっとするような危うい投資話や計画が来ました。何とかそういう誘惑から逃《のが》れられたのも、この力だと思います。

自然との融合は、人間にとっては絶対に無くてはならないものなのです。余りにもコンクリート一点張りにし過ぎている都市の現状は、特に日本人には、こうした人間ならではの能力を減退させてしまう結果になるのです。恐ろしい事です。

中国古典講座を始める

三十代の初めに指導を受け、その後毎日二時間の必読を続けて来た中国古典も、約十七年間経過して、『老子』『荘子』『列子』『論語』『大学』『中庸』『孟子』『易経』『書経』『詩経』『春秋左氏伝《さしでん》』『礼記《らいき》』『孫子』『呉子』『管子』『韓非子』『戦国策』『呂氏春秋』『史記』などから『呻吟語《しんぎんご》』『菜根譚《さいこんたん》』『伝習録』『近思録』と読み進みました。

実に面白いのです。一言で言えば「我が意を得たり」なのです。素晴らしい表現ばかりで、凄い言葉ばかりです。飽きないどころか、一日中読んでいたいと思う事ばかりでした。

こうして読んでいると、ついうっかり会話の中に出てしまうものです。特に経営者に対するアドバイスには絶好の言葉ばかりですから、つい使ってしまう。

段々中国古典の引用が多くなると、多くの方々から、一回ちゃんと講義が聞きたいという事になりました。

そこで「儒家と道家」という中国古典の二大思想の解説を申し上げたところ、定期的にやろうという事になって、四十代の後半から「中国古典講座」がスタートしました。

特に「老子」は、私にとっては生きる糧と言ってもよいほど、何回も読んだ本です。何しろ漢字の羅列で出来ている文章です。その一つ一つの漢字が実に深い。何度読んでも新鮮な驚きがあります。しかもその時の私の心境が反映されますから、微妙に読み方が変ります。だから新鮮で面白いのです。

私にとっては「老子講義」「書経講義」「大学講義」と三つの定期講義が相次いでスタートしましたが、実に至福の時でした。

自分の会社の経営で起こる問題はいつも多く、そのどれもが不愉快なものでしたが、この時だけはそれ等のこと一切を忘れ、集中出来る唯一の時でした。どこかで、こうした講義ばかりになれば、どれ程愉快な毎日かと思っていました。それが実現したいまを思えば感慨無量なものがあります。

五十才目前の大変革

「五十にして天命を知る」と言いますから、五十才は人生最大の節目である事は、『論語』を読んだ時から感じていました。

その五十才が目前に迫って来ます。

大いなる悩みに襲われました。

三十代は旨く行かない苦労。四十代は旨く行き過ぎた苦労と、この二十年間は苦労続きです。

この苦労はどこから来たのか。

人生前半のいわば「若い時の苦労は買ってでもしろ」という苦労で、成功の前提としての苦労だろうと捉えていました。

しかしそれにしては、苦労の期間が長過ぎないかと思うようになりました。

どうしても次のステップの為の苦労には思えないのです。本質的には同じ苦労を繰り返しているのではないか。もしそうであれば大問題です。このままでは一生苦労で終ってしまうと思ったのです。

その時とても重大な疑問が浮かんできました。

それは、「そもそも経営が自分に向いていないのではないか」というものです。

経営者に対するアドバイスは実に旨く巧みだと自分でも思います。しかし経営そのものは決して旨くない。いやむしろ下手の方で、実は向いている仕事ではないのではないかと思うようになったのです。

これからの生き方を変えるという重大な問題なのですが、何となく結論は既に出ているように思えたのです。

「道」に尋ねても結局はこういうだろうという答が見えているような気がしました。

何故か。

四十代後半になって始めた「中国古典講座」が面白くて仕方がないのです。それでは面白いという事が経営にあるかといえば、全くありません。一つも無いのです。

これは既に決定的ではないかと思いました。

面白くないことを続けても発展はありません。面白いからこそ集中出来る。だからこそ深く取り組めるのです。こうして考えてくると、そうか、と思うところがあります。

何故「老子」と出会わせてくれたのか。どうして中国古典を読み続ける事になったのか。全てが「道」の見えない助力によって行われてきたように思えたのです。

しかしここは慎重に行わなければいけません。何故なら小さいといえども、会社の経営者には多くの責任があるからです。

長期間かけて、徐々に変えていこうと思いました。つまり「経営コンサルティング・ファームから中国古典による研修会社へ」更に、「会社から個人事務所へ」です。

その日からこの作業が開始されました。

結果的には、四十九才の八月三十一日をもってコンサルティング・ファームの株式会社イメージプランを閉鎖し、九月一日をもって研修会社としての株式会社イメージプランを開始することになりました。

社員の諸君にも一人一人面接をして意向を伺い、退社したい人と残る人を決めていきました。

人数が少なくなり、見映えを良くする必要もなくなりましたから、狭く実質的なところに事務所も移転しました。今までの二十分の一の賃料となり、支払う給料も十分の一となりました。

借金もありましたが、返ってきた賃借の保証金と自宅を売却して返済しました。すっかり身軽になったのです。

その時知らず知らずのうちに老子の言葉を呟《つぶや》いていました。

「物芸芸《うんうん》たるも、各《おの》、其の根に復歸《ふくき》す」

様々なものが様々に繁茂したが、全てが根に帰った、そんな心境になったのです。

三十才の時の根に帰るは、その根自体が細々としたものでしたが、いまは多少根も太くなったのではないでしょうか。

それにしてもこの再出発をくれた「道」には、感謝の言葉しかありません。

四十代で私を励ましてくれた「老子」の言葉

「氣《き》を專《もっぱ》らにし柔を致す」（能爲第十）

気力の充実は、身心ともに柔《やわら》かなところから発するのだ。頭も身体も、常に柔かに！

「大怨《たいえん》を和《やわら》ぐるも、必ず餘怨《よえん》有り」（任契第七十九）

怨みは恐ろしいものだ。いくら緩和しても怨みは残る。だから部下や受講生に厳しくしても怨まれてはいけない。

「無為《むい》にして為《な》さざる無し」（忘知第四十八）

自分勝手な思惑を捨て、作為を排して、真白い心で力を振るえば、旨く行かない事はなくなる。

4

五十代での「道」との交流

「天命」を知るとは何か

五十代に入りました。

『論語』の有名な人生訓から言えば、「五十にして天命を知る」となります。

天命を知るとはどういうことでしょう。

全てを捨て、内容を全て変えました。仕事の内容も変え、したがってこれまでのノウハウやシステムも捨てました。事務所も変え、社員も四人にしてしまい、実質的には私の個人事務所です。

個人の生活も、自宅を売って借金を払い、その残りにまた少々借金をして一軒家からマンションの簡便生活に変えました。

個人事務所ということは、私のタレント事務所ですから、私のタレント性が決め手です。

それはどの様なタレント（能力）なのか。

私は次の様に思って三十才の時に会社を設立しました。

「世の為、人の為といえば、大きな影響力のある人を助けるのが、最も効果的であろう。それは経営者だ。経営者の助けをする会社をつくろう」ということでした。

この主旨は変えません。

しかし行い方はガラリと変えました。

「中国古典を語ることで経営者を助けよう」と思ったのです。

幸いこれまで大小合わせて二千社余りの会社とその経営者の方々と付き合ってきました。企業経営については、二十年間実践的な経験があります。したがって企業経営をベースに、中国古典を語ろうと思ったのです。これが私のタレント性です。

親しい経営者の方々には、明確にそのように申し上げ、三点の定期的な機会を戴きたいと申し上げました。

一、私との一対一の対話の機会

二、私の中国古典講座の受講

三、他の経営者との交流の機会

これに伴って、この機会を月に数回開催の勉強会、懇親会として定期化しました。

その途端、経営者の方々は、私にとってはクライアントの立場から、受講生、生徒の立場となったのです。生徒に対するわけですから師としての責任がありますが、遠慮なく本音で欠点や改善点を指摘出来ます。

更に、師を同じくする友を「朋」と言います。

生徒である経営者どうしは、朋友の関係になったのです。一生の朋友が多数出来たということです。

これこそが私にとっての天命なのでしょう。しかしよく考えればこれまでがあったからこそ、この五十才で天命を知る事が出来たのです。孔子のこの言葉の本意が理解出来たのです。

五十才に入ってから始めたこの三つの定期的機会は、独立した経営者の勉強会として育ち、「春秋会」から「タオ・クラブ」と名称を変えていまだに発展し存続しています。

老子の言葉「損して益し、益して損す」を思い出したのです。

もの事はある所まで行ったら、やはり大きな見直しが必要である。これまでは必要でもこれからは不必要というものもある。何でも大事に納めて捨てないと、次のステージはやって来ないものです。しかしそれは、あるところまで、究極まで行かないと見えてこないものです。したがって無駄な事は一つもない。全てが経験の蓄積になる。しかしそれは、精根込めてやってこその事なのです。

私の「頂上に行かなければ、次の山は見えない」は、この時の体験から生まれた言葉です。

いままでが苦しかっただけに、身軽になりお金の算段から解放され、心はいやが上にも青空のように広大になっていくのが感じられました。

更に自分が好きでたまらない、面白くてしょうがない中国古典を講義していれば良いのですから、夢のような毎日です。

不思議な事に、身体の障害の方も軽くなり、特に腰痛をかわす術も心得てきましたから、自分でも細胞が若がえるのが解かるほどです。

病は気からと言います。人間にとって、どの様な気分で暮すかは、自分の境遇を決定してしまう事です。

この五十才の大転換以来、健康はとても良くなり、検査の数値も見違えるほど良くなったのです。

良い事づくめのようですが、やはり転換はそう簡単なことではありません。転換に伴う新しい問題には相変わらず悩まされる事になります。

外国の空気

身軽になって痛感したのは、昔から大切にしてきた事を忘れてしまっているのではないか。

それは「時代を語る」という事です。

私達は何しろ「いま」を生きているのです。十九世紀でも、二十世紀でもない。二十一世紀、二〇一七年のいまを生きているのです。これはとても大切な事ではないか、と思ったのです。

いつ生きてもいいものを、いまなのだ。そこに意味が無いわけはない。

私は歴史を読む時に、それが国家であれ、企業であれ、基軸においている事があります。

「時代が人物を要請し、人物が時代に応《こた》える」という事です。

これが成り立った期間はその国その会社は必ず繁栄するが、でなければ停滞するのです。

小さな会社でも例外はありません。

時代と人間というのはこのような関係なのです。

これが若い時からの私の基準でしたから、会社設立の時から、「時代を語る会社、イメージプラン」としましたし、いつも時代を意識していましたが、経営に翻弄されるあまり、この大切なことを忘れてしまいました。

特に中国古典を主軸に据えて生きる時に、欠くべからざる要素こそ、「いまという時代の反映」だと思ったのです。

この事をもっと自分の気持の中で復活させる為にも、いま世界の中で最も時代の先端をいっている街に行って、その息吹きをたっぷりと吸収する必要があると思ったのです。

そこで矢継ぎ早に、外国の先端地域へ行き滞在することにしました。

ロサンゼルス、サンフランシスコ、ニューヨーク、香港、ロンドン、パリ、ローマ、上海、シリコンバレーの特にパロアルト。

いま考えてもの凄い刺激を受けたと思います。

言葉では表現出来ない威勢のいい先端的空気を吸えたのです。

自分自身でも、この猛烈な勢いの外国旅行で私自身が一変したように思います。ものの見方、聞き方、受け止め方、匂いや香りの良し悪し、考え方。特に思考のプロセスが、いきなり時代の先端から始められるようになったことは大きな変化でした。

明治新政府の首脳が一八七一年十二月から翌々年の九月まで約一年十ヶ月もの長期間、百名を超えた中枢の人々が国を留守にして外国見物に出掛けた効果の程が、よくよく解った体験でした。

中国古典の読み方も、この時からガラリと変りました。

この体験こそが、幕末の横井小楠《しょうなん》や佐久間象山《しょうざん》が、真の朱子学こそ実学とし、五経の深読みをして、近代日本の真のあるべき姿を描いたことの理解が、とても実感出来た事につながっています。

実際の発見としては、シリコンバレーという時代の最先端の地で、最先端の技術や発想を駆使して毎日を暮している人々が、意外なことに、「古典」にもの凄く強い興味を持っている事が判然としました。

何気無く私が「中国古典」の一部を引用すると、それまで迷惑顔であったベンチャー企業の成功者達の目の色が変ることを、何回も体験しました。

特に「老荘思想」については、熱狂的に迎えられる事が多かったのです。

その典型を一つお話ししましょう。

昼食はだいたい広大な公園のショッピングセンターにあるハンバーガー店、あるいは屋台に出掛け、その前に置いてある二十名ぐらいの人々が座れる丸テーブルに座って食べます。

時折りのこと、この二十名が一体になって、大討論会になったりするのです。

そのうち、私が叫びます。

「一寸待て。私の意見を聞け。私の専門は老荘思想だ。老子はこう言っているんだ――」

とひどい英語ながら、話し出すと全員じっと聞くのです。話し終えると拍手拍手です。それから質問攻めにあいます。

こちらの英語が稚拙《ちせつ》でその上聞き取り能力も低いのですが、そんな事は全く気に掛ける様子もないのです。こちらも調子に乗って話し出す。あっという間に昼食時間が経ちます。

すると多くの人々が、「明日は何時に来るんだ」と聞き、中には「この席をリザーブしておくよ」と言う人まで出てくるのです。

こちらはすっかり気を良くして、また翌日も行く。

この昼食の大討論会で知り合った人は実に多いのです。ベンチャーの経営者が多いのですが、世界級の大企業の幹部もいて、その後の私の仕事に対して想像以上の貢献をしてくれました。

ここでも「老子」を語る事で人々の気持を引き付けたのですから、「道」に助けられたのです。

底の浅さを痛感

中国古典の講座は徐々に増えていきました。

「老子講義」から始まり、「大学講義」「孟子講義」「書経講義」と広がっていきました。

『論語』が無いじゃあないか、とよく言われました。二、三回行って直ぐに中止したのです。

何故か。

語っている自分の方が嫌になってくるのです。まだまだこちらの人間力が豊富とは言えません。俗に言う「熟《こな》れていない」のです。

したがって修身の教科のようになってしまい、言っている事がひどく正しいだけに、とても嫌らしい、頑固親父の講義のようになってしまいます。五十代ではまだ早い。六十過ぎてからやるべきだと痛感しました。

『論語』のように他の講義も、回を重ね、多くの人々から誉《ほ》めて戴くほど、実は自分では、納得がいかない部分ばかりです。

もっともっと深い処をしっかり読んで、それが時折出てくるように、日常の暮しや人生に則して語っていくというのが、良い講義でしょう。

そう思うと、明日の講義が悩ましくなり、向う足が重くなります。

夢の中でも、ぞぅーとする場面、例えば話が浅いと受講生が一人一人と教室を去って行くところなどに襲われます。

こんな事で、これからの人生が務まるのかとつくづく思いました。
三十二、三才から朝二時間の必読を守ってきて二十数年間、ひたすら読み続けてきたという自信も利きません。

どうすれば良いのか。

二つ行う事にしました。

一つは、この底の浅さは何処から来るのかといえば、「中国古典」しか読んでいないからではないか。東洋思想といえば、隣りに雄大に聳《そび》え立つ仏教、禅仏教という山がある。

こちらの山に登り、その頂上から中国古典という山を眺めてみると、より広く深く理解出来るのではないかと思ったのです。

わが国でいま仏教といえば中村元《はじめ》先生です。

したがって中村先生の講義をなるべく直接受講し、その謦咳《けいがい》に接すること。そうすれば何か解る事がある筈だと思いました。

しかし学生と違い、定期的に受講のチャンスは巡ってこないわけですから、補うものが必要だ。それは中村先生ばかりでなく仏教の教典や仏教学の書物を読み耽《ふけ》る事だと思いました。中村先生の著作はその後全集が発刊されましたのでそれを読む。そして知人の紹介で玉城康四郎《たまきこうしろう》先生の講義と著作も読了しました。

もう一つは、そうして仏教の知見が進む中でもう一回中国古典の「儒家と道家」を中心に読み、考えてみる事です。

同じ東洋思想でも仏教と中国古典では随分違うものでした。だからそれ等を通して中国古典の特性がとても理解出来ました。

少々重複して、「禅仏教」にも大きな興味が出てきました。

まず禅は実践ですから、禅道場へ行って座禅をやるのが大切です。しかし私はあの二十五才の時の大怪我で左足が旨く曲らないので、どうしても座禅が安定しないし、長く座っていられないのです。

どうすれば良いかと思っていた時、「老子講義」に長年出ておられる受講生から、津田優先生を紹介されました。老子の縁ですから、これはまた「道」に助けられた事になります。

津田さんは、岐阜の正眼寺《しょうげんじ》で修行され、同時に同門となったV9読売ジャイアンツの川上哲治監督が、「こんな凄い若者がいるんだ」と舌を巻いた人で、独自の呼吸法を考案されて、「瞑想道場」を開いている方です。

約十三年間ご厄介になり、何とか悟りの何たるかを垣間見るところまで行きました。

若い頃数回ご教導を受けた秋月《あきづき》龍珉《りょうみん》師も忘れ難く、その名著の数々を熟読するうちに、やはり鈴木大拙《だいせつ》に辿り着きます。

私のような門外漢には、かえって鈴木大拙が外国人に説いた禅の奥義の方が、深いところの微妙なニュアンスが受け取り易く、ぐんぐんと引き込まれる圧倒的迫力も大きな魅力でした。まだまだ勉強中の身です。

こうして、仏教、禅仏教が少々理解されてくると、日本に存在する東洋思想、儒家の思想、仏教、道家の思想、禅仏教、そして日本古来からの神道という五つの思想が俄然面白くなって来ます。

日本文化の基底が見えてくると、日本文化そのものの思想的豊富さに驚嘆することになり、わびさびの世阿弥、千利休、芭蕉《ばしょう》、更に良寛《りょうかん》の味わいが、何とも言えない魅力となって押し寄せて来ます。

そうした背景で、中国古典を読む。これまでは少しも感じられなかった新たな魅力が、明確に捉えられ、尽きない面白さをもたらしてくれるのです。

人生の指針

五十代を目前の大転換は、これまでの私の生き方が如何に荒っぽく乱雑なものであったかを浮き立たせるものになりました。

その最たるものは、人生の指針が明確でない。中国古典流に言えば「明らかでない」事です。この明らかは、ただ知っているのではなく、それが身に付いている。そうした人間になってしまっている事を表現しているのです。

勿論私にも人生の指針めいたものはありました。三十代でよく色紙などに書いたのは、「心の平安」です。四十代に入ってからは「耐え抜く」です。

しかし何も解っていなかった。ほんとうに身に付いていたかと言えば、全くそうではない。俗に言う「きれい事」でした。

仮にも中国古典を講義する人間が、こんな事ではいけません。

何かしっかりと実践し、実践したが上にその真髄が解ったという言葉でなければ、人生の指針などとは言えません。

その時次のような事がありました。

いわゆるよくある投資話です。知人から勧められて投資用マンションの一室を購入しました。

するとしばらくして家賃収入があります。

いままで家賃などは支払うものとばかり思ってきましたから、感激です。楽なものだとつくづく思いました。経営の苦労のみの二十年間を過した人間には夢のような現実です。これはいい。何室持てば、いまの収入になるのかを計算し、投資物件のＦＡＸに目の色を変えている自分がいます。

大分のエネルギーをそちらに取られているようになりました。

ある日中村元先生の講義を聞きました。いままでとは全然感じが違うのです。実に立派な人格がほとばしり、いやが上にも崇高な味わいが漂っているのです。何しろ凄いと思いました。

終ってもしばらく立ち上がれないほどの感動です。

講義とはこうしたものだ、とつくづく感じたものです。帰り道、何がそうさせているのか。あそこまで高い格調が表れている、その大元《おおもと》には何があるのか、などを考えました。その時同時に、投資物件の情報に目の色を変えている自分が浮かびました。人間としての余りの違いに愕然《がくぜん》としたのです。

数日考え込んだその結論は、生き方の相違です。一つ事に全人生、全人格を打ち込んでいる生き方です。何が違うか。そうして生きている人に例え投資話が来ても、一瞥《いちべつ》をくれる事もないでしょう。もしやったとしても、単なる遊びとしてやろうぐらいに思い、本業には精根打ち込む、この姿に尽きるのではないかと、つくづく思ったのです。

やはり人生の指針が重要だ。取って付けたようなものではいけない。真底から共感し、そのような人間になってしまわなければいけない。という事は、今更ここで言葉を探しても意味がない。少なくともこれまでの人生で使ってきたごく普通のものであるべきだ。

そうなればやはり「老子」です。

「老子」の中で自然に浮かぶ言葉、それはこれしかない。

「足るを知る者は富（知足者富）」です。

感謝の人生を生きる事です。何時いかなる時も、感謝を忘れず生きる。

良い事があった時は、自然とそうなります。問題は逆境、辛酸の最中に、しかも感謝の心を失わずにいられるか。そうなる為には、全身のすみずみにまで感謝の精神が消化されてしまうことです。

その為には、常にしょっちゅう言い続けるしかない。

丁度その時可愛い柴犬を飼い始めたのです。絶好のチャンス、この犬の名前を「富（トム）」とすれば、犬を呼ぶ事がそのまま、人生の指針を刻み込むことになると思ったのです。

これは大成功でした。

何しろ犬が可愛くってしょうがないのです。「富《トム》」と呼ぶ度に思います。こんな可愛いのがいるのに、その上何を望もうというのか。もう充分ではないか。

そこで感謝の心が湧き上り、私は何と幸福者なのだと、つくづく思います。

もう何もいらないという思いが強くなりますから、余計な財産欲も物質欲も金銭欲も無くなります。

いつも満足。これ以上何を望もうというのかと、自分に言って聞かせます。

これを現在既に約二十年間続けて来ました。愛犬の富も、十七年間の長寿で私に尽してくれました。今年天寿を全うしました。これなどは、ほんとうに「道」の尽力によって愉快な人生をもらった典型例でしょう。

再訓練の必要性

中国古典講座と中国古典を活用した経営指導、そして中国古典による経営幹部研修を三本柱にして再出発をしましたが、直ぐに問題が出て来ました。

百五十分、つまり二時間三十分を一単位として始めましたが、なかなかその長丁場が務《つと》まりません。

言ってしまえば息切れをし、後半から面白くなくなってしまうのです。

その原因を突き詰めてみました。

長時間の話術が身に付いていない事。更に起承転結が明確でない事。言ってみれば、もう少々山あり谷ありにする必要がある事が原因でした。

これまでも講演は引き受けていましたが、だいたいが一時間から一時間半で、二時間半などという事は滅多にありませんでした。

話術というものは、取って付けたものではなく、何回も繰り返しているうちに自然に整《ととの》ってくるものだと思っていました。

やってみるとそんなものではなく、話し方というものがあるし、声量落ちずに、語尾も終始明確に、俗に言われる滑舌《かつぜつ》良く話す事が要求されます。

思っていた以上に難しいものだとつくづく思いました。

そこで行うべきは二つと思い、これを徹底的に行いました。一つは名作を朗読して録音に取り、聞いてみる事。これを繰り返す。もう一つは、他人の長時間の話をよく聞く事として、特に落語の独演会には頻繁《ひんぱん》に足を運びました。時間が無い時は、暇《ひま》さえあれば落語の名人のテープを聞くようにしました。

自分の朗読の録音は、最初はとても聞けたものではありません。余りのひどさに驚かされました。語尾が不明瞭で、全体に抑揚もない。時間が経過して二時間近くなると、呂律《ろれつ》も回らなくなります。

話の内容以前の問題です。

まず注意して注意して長時間全てを明瞭に話し通すことを訓練しました。一日置きに二時間の朗読を録音し、しっかり聞いて、発音の悪い箇所を徹底的にピックアップして、そこだけ何回も練習する。

これで随分と明瞭になりました。自分では江戸っ子で話し方は合格だと思っていたところが大欠点でした。一から見直して良かったと思います。

抑揚は、妙に意識してやるとおかしいのでその時の調子に任せる事にしました。落語名人の話を、その気になって聞くといろいろな事が解って来ます。トントンと話が進むところと、ゆっくりじっくり話が進むところが微妙に絡《から》んでいる事がよく解りました。

「オイ！」と呼ぶ声も、高音と中音と低音、強音と中音と弱音とがあって、主人公の心の状態を表し、別段セリフとして出てこない登場人物の内面描写も、これで補《おぎな》っている事など、とても参考になりました。

そうして実際の講義に向います。つまり実際にやってみるのです。

明瞭になりましたから聞き易くなりました。しかし、明瞭になった分、情が薄くなった、つまり心情が感じられないのです。表情が無いのです。したがって印象に残らない。

これでは失格です。

明瞭にしっかりと一つ一つの発音に気を使えば使うほど表情がなくなってしまう。表情、つまりこちらの気持を出そうとするほど、また不明瞭になってしまう。

悩みました。

ここのところが解決しないと、講演が重荷になってしまうのです。何とかしなければと思えば、また「道」に頼むしかない。

それから数日後、たまたま桂三木助さんの「芝浜」のテープを聞いたのです。

唸《うな》りました。話すとはこういう事かと、つくづく思い知らされたのです。

更に解った事は「間《ま》」です。間が全てを解決してくれるのだ。間の取り方こそが、話す巧みさなのだと思いました。もう一つ、とても大切な事が解ったのです。

「しみじみと」語る。

これこそが話の生命《いのち》なのです。

それからガラリと良くなりました。

講義の起承転結については、一回完璧な二時間半分の原稿を作ってみました。その原稿を検討していきました。直して、また直して良くしていきました。

その結果、起承転結という事がよく解ったのです。

「転」が鮮《あざ》やかでなくてはいけない。その為にも、その前の「承」が大切で、ここに説得力がなくてはいけない。その「承転」を引き立たせる為にも「起」が重要で、何と言って語り出すかは、いつも悩むところです。

そしてその講演の成否の鍵は「結」です。鮮やかに感動的に終る事が決め手です。

以上が理解出来て、講演講義のプロにやっとなったと実感しました。

「道」の真髄に出会う

六十才を目の前にして、また大きな壁が立ち塞がります。

六十才と言えば、サラリーマンであれば定年です。定年と言えば、一線を退く事です。

私は常々「生涯現役」と主張していますから、全く退いてしまう事には反対です。したがって「より自分らしい生き方」に入ってくれと言っているのです。

そこで人生の整理の必要性を感じました。

六十才からどの様な人生を生きるか、です。

真っ先に頭に浮かんで来るのは「愉快な人生」を暮したい。

私はいつも言っています。「若い時は苦労の方が良い。しかし六十才からは愉快な人生を歩んで下さい」

既に子供達も独立し、住宅ローンも返済が終り、夫婦二人の生活ですから、金銭的にあくせくするのは止めよう。「足るを知る者は富」で感謝で暮すことが多少身に付いて来ている。経済はこのままで良い。

すると考えるべきは、「愉快」の得方です。何によって愉快を得るべきかです。もっと広く様々な人々と出会い、様々な人々のお役に立つ事だと思いました。そう考えてみると、意外と世間が狭いのです。毎月のスケジュールを見ても、決められた経営者、決められた会社に行き、また講座に来てもらうだけで終っているのです。

改めてこんなに狭かったのかと愕然としました。これでは先細りで、年令を経れば必ず付き合う人は減少してしまうのです。お互いに年を取りますから。どうしたら良いだろうか、といつも考えていました。

五十九才になり、来年のスケジュールの問い合わせが来ます。また今年通りで良いのか。いや断然変えるべきだと思っています。しかし何をどの様に変えれば良いのかが解らない。休みの日に会社に出て、誰も居ないオフィスの自分の机に座り、じっと考えてみました。

その時、「道」が問いかけて来たのです。

初めての体験です。これまでは、必ずこちらから依頼をする。悩みの解消、目の前の困った事の解決など、全てこちらから聞いてもらう事ばかりでした。

この時初めて、「道」の方から問いかけてきたのです。

その問いはこう言っています。

「もう一つ挑戦をするか。その気力はあるか」と問うているのです。

何の為の問いかも解りませんが、確かにそう言っているのです。

しばらく考えて、答を言います。

「勿論さ。挑戦すべきことがあれば、やるしかないよ。やろう」

しかし腰が据わっていないのです。真底からやろうと思っていないことは明白です。

何故か。少々辛い事、厄介な事は避けたいと思っているのです。六十才にもなって、いまさら苦労は嫌だと思っているのです。

しかし、そうであれば「現状維持」で終る事も何処かで解っているのです。現状維持では先細りになるから、どうしようかと悩んでいるのです。

「では、やるしかないじゃないか」と、段々気持が固まっていきます。

数日後、祭日があり、休日がありました。

また独り会社に出て、何とか結論を出したいと思ったのです。

独り机に座って考えていると、また「道」が問うてきます。

「挑戦するのか。挑戦だから、やはり辛い部分も厳しい部分もあるよ。それを承知で出来るのか」と聞いてきます。

ここまで来たら何があっても挑戦はすべきだ。まだまだ体力はある。乗り切る気力もある。挑戦するなら一刻も早い方が良い。

「よしやろう。挑戦を受けて立とう」と「道」に答えました。

挑戦とは何を示すのか。何の事を言っているのかは、全く解りません。

私の今回の願いは、「もっと世間を広くしたい。まだ出会っていないリーダーともっと多く出会う機会が欲しい」という願いです。

したがって挑戦とは、結局この願いが叶えられる内容なのでしょう。しかし、内容の詳細は解らない。というより、それは「道」に任せているのです。

「道」の事だから、どの様な答を用意するか、見ものだぞと思っていました。

丁度その日から十日経った日、一本の電話が掛かってきました。

それは、これまでも長年お付き合いをしてきた、わが国を代表する経営者のお一人です。その方が社長を退かれて会長に就任される時に、今度は後任の新社長をお願いしたいと言われ、それから定期的な面会は途絶えていました。

その方は、いま経済団体の長を務められています。この一本の電話こそが、「道」の言う挑戦だったのです。それは実に考え抜かれたような、実に効果的な挑戦でした。

五十代で私を励ましてくれた「老子」の言葉

「見素抱朴《けんそほうぼく》、少私寡欲《しょうしかよく》」（還淳第十九）

見栄、見てくれ、外聞《がいぶん》も捨て、素朴に徹して、自分中心を少なくし、私欲を小さくして暮そう。

「大事は、必ず細より作《おこ》る」（恩始第六十三）

最初から大事、難事であることは無い。必ず小さな事から始まる。その時に潰してしまえば、一生大事難事に襲われない。

「其の母を守れば、身を没《ぼっ》するまで殆《あやう》からず」（帰元第五十二）

「道」という母を信じ、守り通せば一生安楽に暮せるのだ。

「天網恢恢《てんもうかいかい》、疏《そ》にして失《うしな》はず」（任為第七十三）

天の網は荒くてわれわれには見えないが、見逃《みのが》す事は絶対無い。大概の事は天の裁判に任すと良い。

5

六十代での「道」との交流

全く新しい人脈が広がる

「道」と歩んできた人生も六十代へ入ります。

振り返れば、ただひたすら「道」に助けられてきた思いしかありません。

「道」の凄さは通り一遍《いっぺん》ではないのです。

だいたいが思いも寄らない解決の仕方を与えてくれるのです。言ってみれば「人智を超えた」という表現に尽きます。当然と言えば当然ですが、人間は人間の頭脳を前提に考えていますから、何しろ驚かされることが多いのです。

しかし実に優しいのです。慈母そのものです。それにけち臭くないのです。聞き入れてやるが、条件を付けるとか、三度聞いたんだから、そうは聞けないとか、そういう事は一回もありませんでした。

何でも「ハイハイ」と言って聞いてくれるのです。しかし、甘くはない。どちらかといえば厳しい面もあります。必要とあれば一回辛酸を舐《な》めさせるぐらいの事は、当り前です。

六十才になるについて、私は次のお願いを「道」にしました。

「何しろ世間が狭くなってしまった。社会の上層部にもっと人脈を広げないと、今後先細りしてしまう。いや、もっと言えば、面白くない。人生の面白さとは、考えた事が直ぐに実現に向って動き出す事で、それにはキーマンを数多く知らないといけない。是非これまでと一味も二味も違う人的ネットワークを作りたい」という事でした。

そこで早速キーマンの登場です。経済団体の長を務めておられる旧知の経営者から、「手伝ってくれ」の依頼です。

早速、朝食を共にしながら、要望をじっくり聞きました。

主眼とするところは次の通りです。

「二十一世紀、二〇〇一年に入る今、最も大切なのは、自己中心的になりがちの企業が、もっと社会性と人間性に基づく活動を重視する必要がある。しかもそれは、広く社会からの共鳴共感を得る事になり、強いては企業の健全な収益性をもたらすことになるのだ。任期中にこの路線をしっかり敷《し》いて、日本企業の体質の健全化を図らなくてはいけないと思っている。それを残された任期の中でしっかりと行いたい」

誰の目にも明確なこれからの企業の在り方として認識してもらえるようにしたい。その裏方を務めてくれという事です。

それから約二年間、早朝から夜遅くまで、ひたすら各界のキーマンに、その主旨を理解してもらい、賛同してもらい、施策や計画に反映してもらう為の意見交換会をセットし続けました。

対象としたのは他の経済団体は勿論の事、政府、各省庁、地方の首長、若手政治家など、まさにわが国を現実に動かしている中枢の人々です。

相手の意見をしっかり聞いて、その意見とこちらの主旨との整合性を明確にする。理念はとかく空理空論化しがちですから細かい企業経営の随所に実現可能な施策として具体論にしていかなければいけません。

それが効果的に取り入れられ、現実の経営施策として具体化される為には、政府の方針、各省庁の方針と一致している必要があります。

したがって、これ等多岐にわたる分野のまさにキーマンとの議論、討論を経たコンセンサスが必要だったのです。

という事は、どうでしょう。私がこの間やっている事自体が、私の「道」に対する依頼事項の具現化といっても良いのです。

この間に意見交換したキーマンは、三百名余りにもなります。

またその一人のキーマンは、とても優秀な人がいました。その人には面白い人々が多数取り巻いていて、そちらにまで人脈は広がっていきました。

特に四十代後半の、これまで全く縁のなかった俊英の友人が沢山出来ました。

六十才前後で得たこの新しい人脈は、その後どれだけ建設的に私の人生に寄与してくれたか、計り知れないものがあります。

しかし、まだ若いとはいえ六十才です。早朝から夜中まで、ほとんど毎日の会議、ミーティング漬けは、肉体的に辛い事もありました。

もっと厳しかったのが、資料の厖大《ぼうだい》さです。翌日の討論を効果的にする為には、何しろ全員が分刻みのスケジュールの人ばかりですから、的確な問題提起と進行をしていかなければ、何の成果も得られません。

この二年間は、まさに過酷な頭脳トレーニングの毎日でもありました。

全くこれまで経験の無い仕事でした。

最初は戸惑う事ばかりでした。旨く取り仕切れないで苦悶の日々が続きました。

ある日大胆不敵にも、私の意見を言ってみました。それまではレベルの違いに戸惑うばかりで、とても自分の意見を述べるなどは、おこがましい限りでした。ひたすら会議を旨く廻す事しか考えられませんでした。ですからかえって旨く廻らないのです。

私が意見を言ったのは、一般市民、庶民の立場の意見で、私にとってはごくごく普通の事でしたが、多くの方が耳を傾けてくれるのです。そのうち「田口さんは、どう思いますか」など振ってくれるようになったのです。進行がとても楽になりました。

そうなった日、帰路の車の中でつくづく思ったのは、「これが『道』の言う挑戦だったのか」という事です。やはりとても厳しい挑戦でしたが、人間として一ランク上昇したとはっきり感じました。

学校エリートとの再会

経済団体の長の補佐役の仕事の中に、各省庁との意見の摺り合わせ、討論会議というものがありました。

こちらの主旨の反映を各省庁の施策に求めるわけですから、トップに集まっていただくのが望ましいのですが、事務次官がやって来るのは難しい。となれば、前任の次官に集まってもらうしかないわけで、これは様々の筋の様々な人々のご尽力で、何とか主要省庁の方々に出て下さる事が出来ました。

出席者名簿を作る必要があるので、簡単な略歴を集め、一覧表を作る事になりました。

作ってみてびっくりしました。何と私と同年に大学を出た人ばかりなのです。ということは、まさにこの人々は、私が挫折した学校エリートの道をひたすら歩み続けて、いわば頂点を極めた人ばかりなのです。

そう思うと、何か特別の感情が湧いてくるのです。

中学で学校エリートの道を諦めざるを得なくなった時の、あの何とも言えぬ敗北感、無念感、不安の気持が押し寄せてきたのです。

アウトサイダーになって、自分の技能を頼りに生きるしかない私と、学校エリートが、何十年も経って出会うわけです。

私は実に複雑な思いを抱いて、第一回の会合に臨みました。

やはりその差は歴然たるものがあります。

エリートばかりの集団のしかも頂点に立った人であり、一年から二年その力をほしいままにした人だけが持つ、自信と余裕から来る迫力が身体中から放《はな》たれているのです。

この人間としての力量の差は如何《いかん》ともしがたい。

これは比較する事すら無意味なのではと思えました。

帰りの車の中で、少々冷静になった頭で考えてみれば、それは当然の事で、彼等の得意中の得意の専門領域の話を、これまで何度となく説得してきただろう論調で語ってもらっているのですから、いわば彼等のホームグラウンドへ私がお邪魔しているわけです。

これでは太刀打ち出来ないのは当然ではないかと思ったのです。

会議の回数が重なるごとに、段々彼等も力が抜け、肩書きを忘れた生身の人間が現れてきます。

そうなると、随分その人間的力量の差は接近しているのではないかと思えるようになりました。

終盤に差し掛かったある回で、思い切って私の意見を主張する機会が廻ってきたのです。

私の立場は、何といってもアウトサイダーです。という事は、一般庶民の立場をもって発言するのが一番分相応だと気付いたのです。

「一般庶民は、そんな風には捉えていませんよ」「庶民感情からすると――」「一人の生活者の立場から言えば――」という発言が多くなるうちに、何か私が一般世論を代表する立場、それが言い過ぎなら、それを最も承知している人間として参加している事になってきたのです。

そのうち各省庁の主張を一通り言い終えると、彼等の方が、「田口さん、ごく普通の市民は、そこのところ、どう思っているんですかねぇ」などと、こちらの発言を促《うなが》すようになってきました。

我ながらこれには驚かされました。

学校エリートの諸君と、あれから数十年経って、少なくとも相撲がとれたという驚きです。

良い経験になりました。

こうして予想外に親しい関係になり、会議以外の場での懇親の機会を持ってみると、学校エリートの道もそう平坦ではなく、紆余曲折《うよきょくせつ》、山あり谷ありで、その間には悲哀も辛酸も経験している事を知ります。

どの道を歩もうと、人間としての人生には変わりがない。

要は、誠心誠意、まごころをもって生きて来たかどうかが、人間としての力量の差になるのだという事が、とてもよく解ったものです。

得難い人脈が得られたばかりでなく、昔の同級生に出会ったような懐かしさも湧いてくる付き合いになったのです。

こうした事により、中学時代の挫折感も薄らぎ、挫折を命じた父親に対する反発の心もきれいさっぱり雲散霧消《うさんむしょう》した事は、何といっても有難い事でした。

そうか、「道」はこんな事まで心配して、配慮してくれたのかと、つくづく感謝したものです。

その後何とこの時のメンバーを主要にした「中国古典の勉強会」が開催され、私は師として彼等に対する事になったのですから、「道」の仕事も随分念の入ったものです。

自分の教室が出来る

六十代も半ばに差しかかると、これまでの経験がやっと役立って、人と話す事が楽しく感じられるようになりました。

そこで初めて、自分がいままで他人との付き合いを苦手としてきた人間であった事に気が付いたのです。

そう言えば、会社を起こしたての頃、顧客になってくれそうな社長と、ゴルフに行く事になりました。高速道路の入口で待っていると、彼の社用車が来て、私を乗せてゴルフ場へ向かいます。

その間約一時間、後の座席で二人で座っているのです。黙っているわけにはいきません。しかし話題が浮かばないのです。何しろ口が開かないのです。世間話という事が出来ないのですから困ったものです。

やがて脂汗が流れてきました。

到着して救われました。しかし、帰りもまたあの状態が待っているのかと思ったら、気持が乱れて、それでなくても悪いスコアが、散々な結果で終りました。

悪夢とはこの事で、その後高熱が出ると必ず出てくる夢です。

それにしてもよくいまの自分のような人間になったものだと、つくづく思います。

いまはむしろ、気の合った人との何気無い会話にこそ楽しさを感じます。有難い事です。

こうして良くなった面も沢山ありますが、悪くなった面もあります。

第一に挙げられるのが体力の減退です。

五十代は、疲れを感じる事は余りありませんでしたが、六十代も半ばを過ぎると、長時間の講義を終えると、疲労を感じるようになりました。

タオ・クラブの幹事の皆さんとの忘年会がありました。

その席でついうっかりと、「そろそろ定年の年も過ぎたので、引退を考えても……」と言ったところ、主要な方々から強いお叱りを受けました。

「生涯現役と言っているのは、誰だったのか」と言われ、前言を取り消しました。

何か希望があるなら言ってみろ、と言われて、以前から密《ひそ》かにもっていた願いをお話ししました。

それは、自分の教室を持つ事でした。

まとまった人数の時は、貸し会場を使うしかありません。そうなると、受講生と一緒に時間の来るのを待ち、やおら立ち上って講義に入る事になります。講師は登場してこそ映えるのです。

もともと居るのでは、何とも緊張感も期待感もありません。したがって自分の教室をもって、時間になると颯爽と現れる事が夢でした。それをお話ししたのです。

酒の勢いもあって、全員が「よし、相談に乗ろう」という事になり、早速、会員の中から不動産会社の社長が選ばれて、実行に向け動き出したのです。

時の勢いとは凄いもので、あれよあれよという間に土地が確保されました。自宅から徒歩三十分圏内で、駅から十分以内という条件に適った土地です。という事は、土地の価格が高いのです。とても無理だと思われました。

会員の税理士の人が私の預金や財産を調べ、担保になり得るかどうか、借金が可能かどうかなどを計算してもってきてくれました。

それを見ると、可能性があるのです。大きな借金を背負いますが、返済計画を見れば、何とかなると思いました。

しかし家族や親しい人は、皆反対です。若い時ならいざ知らずこの年でそれは首を絞める事になると心配してくれるのです。

やはり「道」に頼むしかありません。

私は、もし「道」が反対であれば、反対にもっていってくれ。賛成なら、そちらに進んでくれと言いました。

一週間経った時、三年間の研修の契約が成立しました。何とそれから四件も契約が相次ぎました。

充分に返済が可能な収入となりました。

夢にまで見た教室の土地が確保されたのです。

ところがそこまでで精一杯です。

建物を建てるまでにはいかないのです。

まず考えた事は、簡易なプレハブかテントが建たないかという事です。

会員の建設会社の社長さんと検討をしているうちに、「その位なら、ちゃんとした建物を建てた方が良い」という事になり、今度は建設資金の問題になりました。

公的な支援や支払い条件などにより、やっと目途がつき、建設が始まりました。

多額の借金をしましたが、会員の方々のお陰で、万全な返済計画がありましたから、私はひたすら研修を行い、他社に出向いて講義をし、依頼された講演を熟《こな》す日々です。

しかし気分は全く違います。晴れて自分の教室が持てたのですから、いやが上にも元気になります。全く疲れを感じないで、約十年経ち、借金の返済も順調に進んでいます。

初心忘るべからず

慶應MCC（丸の内シティキャンパス）は、私にとっては、楽しく講義が出来る場となっています。

当初は「夕学」で一回だけの講演のつもりでした。

その時プロデューサーの城取《しろとり》一成氏が言った一言が、その後の私の講義に深い影響を与えました。

彼は何と言ったのか。

「講演も良かったが、質疑の問答の方がその何倍も面白かった」

その後今度は「アゴラ」で定期講義を行う事になりました。春期と秋期、六回の講義を年二回、既に十年になります。

そのタイトルには必ずこう命名されています。「田口佳史さんに問う×××」

×××のところに『論語』『大学』『書経』等が入ります。

前回の講義に対し、意見を持ち、疑問を持ち、更にこの点についてもっと深く知りたい等の気持から、質問を受け、それに対してやりとりをします。それが実に効果的なのです。

更にそれは個別対応の良さも発揮して、一人一人の受講生に満足感すら与えます。

これを名付けて「問答講義」としたのは、初めての「夕学」の講義に対する城取氏の指摘があったからです。

考えてみれば私ぐらい〝寄り道、廻り道〟をして今日に行き着いた人間はいません。

特に企業経営については様々な経験をして来ました。

三十代の仕事の無い時代には、生活の為に、管財人である弁護士さんの助手をやりました。倒産会社、つまり債務者の財産を管理処分する人の助手です。

いま考えても勉強になりました。会社が倒産するとは、どういう事なのかを通して、会社組織の本質が解った気がします。会社は簡単に倒産してしまうのです。その原因を一言すれば、「無責任」です。

倒産の原因は「無責任」です。

主要な幹部が皆「他責」になって自分の責任を果そうとしない事から起きます。したがって会社の経営は、ここをしっかり押さえておくかどうかなのです。例えばこうした経験が、とんでもない質問にも答を用意してくれます。だから答えられない質問は少なくなります。答えられない質問の場合も、熟考してベストの答を用意します。

この「問答講義」のお陰で、私の講義もリアルでライブ感覚の溢れたものになりました。

ＩＳＬ（Institute for Strategic Leadership）は、設立経緯にも関係した事から、設立以降毎年講義に出掛けています。今年で十五年になります。

ここの魅力は何といっても主催者である野田智義氏の知見の凄さに尽きます。日本の最優秀の学歴にプラスして欧米を代表する学問の最高峰で学び、そして教えてきたキャリアから、世界の一流とは何かをよく承知している人です。それをストレートに出すのでなく、日本の伝統文化を基底に置いて発言し、行動するところに、私はこの上ない魅力を感じるのです。

また、野田氏を取り巻いて若手の秀英が数多く集まっています。彼等との付き合いも、私にとっては、とかく古《こ》色《しょく》蒼然《そうぜん》となりがちの中国古典を最先端の知見に若返らせてくれるのです。

七十代に入って、最も懸念すべきは、年令やキャリアから、周囲が私を尊重して下さる姿勢を勘違いして、権威とでも思ってしまうところです。そうなった途端に魅力は失せ、向上もストップしてしまいます。

そうした事から言えば、このＩＳＬの若い仲間からくる若々しい息吹き、それも知的好奇心の溢れ出るような人々との交友こそ、私にとっては、「生涯現役」

を成り立たせてくれる力とも言えます。

こうした交友のお陰で、東洋思想、それも私が専攻する、儒教、仏教、老荘、禅、神道というわが国の知的遺産も、世界の最先端としての確立を目差したいと思うようになりました。

西洋近代思想の行き詰まりは、言われて久しいものがあります。

何故この世界人類の指針がなかなか引退出来ないのかと言えば、次の世界人類の指針が登場しないからです。

多くの西洋の学者も賛同するところとなりましたように、待たれるのはそれこそが「東洋思想と西洋思想の知の融合」に他なりません。

東洋思想に対する期待は益々大きく強くなります。

私にとってみれば、東洋思想という時代おくれのように言われるものを背負って、一番後をノロノロと走っていたところ、ゴールが逆になったという事で、突然トップランナーになったような状況です。

この機会を活かすも殺すも、その決め手にある言葉は、〝初心忘るべからず〟です。

一書生になったつもりで、二十一世紀の人間の指針となるべく東洋思想を読み解く事こそ、私の天命と思うばかりなのです。

六十代で私を励ましてくれた「老子」の言葉

「玄の又《また》玄、衆妙《しゅうみょう》の門《もん》」（體道第一）

「玄妙」こそが、プロ（玄人）中のプロの境地だ。人材教育業の私の会社の企業理念である。だから社屋も「玄妙館」とした。

「根に復帰《ふくき》す」（歸根第十六）

いつも根本、根源を忘れない事。更に人間の根本「生命《いのち》」に帰り、「生きてるだけで百点」を守る事を自分に言い聞かせた。

「柔弱なる者は生《せい》の徒《と》」（戒强第七十六）

年令を重ねると頭も身体も固くなる。そうなる事を戒める言葉。

6

「道」との同行

私の人生

誰にも人生があり、その人生は貴いものです。

更に現実はドラマよりもっとドラマチックであり、感動的なものなのです。

私は四十数年にわたり中国古典を読んで来ました。

その中国古典を代表する書物に『論語』があります。

『論語』は孔子の言行録です。孔子の一生もまた波瀾に富んだものでした。

私はよく一流企業の社員である受講生諸氏にこう言います。

「若い時の孔子は、皆さんの会社に入ろうと思って試験を受けても、合格しなかったであろう人です」

何故なら貧しく賤《いや》しい暮しで、勉強すべき全般を学ぶ時間も費用もなかったからでしょう。

「その底辺を生きていた孔子が、釈尊釈迦牟尼世尊《しゃくそんしゃかむにせそん》とソクラテスと共に三大聖人の一人にまで自分を高めたその秘訣を、知りたいと思いませんか」

と言うと皆さん必ず、「知りたい」と言います。

「それが書いてあるのが『論語』です」

と私は言い、そう思って読むと、『論語』が俄然興味深い人生のガイドブックになるのです。

私もそうした思いで『論語』を読んできました。

そこには、偉人孔子が現実の世の中で、七転八倒する姿が浮き彫りにされています。

更に、この釈尊、ソクラテス、孔子の三人は、何故か兄弟のように同時代に生まれ出てきているのです。これは何故なのでしょう。

いろいろな答があります。しかし私はこう考えます。

三人の生きたところは、皆「都市」であった。人間が折り重なるように暮している人工的な場所、それが都市です。そこは、最も人間を苦しめる要素が多く存在するところではないのかと言えます。だから人間が多くの苦悩を抱えて生きている。したがって、この三人はその苦悩の解決を考えざるを得なかったのではないだろうか。

そこで三人の思想家が生まれたのだろうと思うのです。

現在もわれわれは「都市の時代」に生きています。その中で人生を生きているのです。

したがって、都市の暮しは、田舎の暮しと比べて、生き難い、過酷な問題が発生し、それを悩みとして生きている人が多いのです。

だから儒家の思想や仏教が助けとなっているのです。

老荘思想、道家の思想は儒家の思想と共に中国古典の二大思想と言われています。

江戸期の人は凄いもので、この二つの思想を見事に使い分けていました。

「昇り坂の儒家、降り坂の道家」と言います。

昇り坂、つまり人生の順境の時は儒家思想、したがって『論語』などを手本に生きると良いとされています。

しかし一転降り坂、人生の逆境の時は、道家思想、老子を手本に生きると良いとされています。

これはこの二つの思想の特性を旨く言い表しています。

儒家は、この世に生まれてきた事を肯定し、現行の世の中の在り方も肯定しています。だから順境向きなのです。

だから「いまのままで宜しい。しかしいつも自己改善が必要だ」と言っているのです。

道家は、この世に生まれてきた事は、儒家と同様肯定していますが、現行の世の中の在り方は否定しています。

「いまのままではいけない。根本的な革新が必要だ」と言っているのです。だから逆境向きに出来ています。

私の人生には「老子」という書物が合い、その老子が説く「道」の在り方を自己の在り方とするという指導が合ったのは、生きる条件がそもそも逆境であったからだと思います。

まずは超未熟児で生まれ、生まれながらに大きなハンディキャップをもってスタートを切らなければならなかったからです。

二十五才からは、今度は重度の身体障害者として生きるしかなかった。ここでもまた逆境であったわけです。

そうした私の人生を見た時、何と打って付けの書物に出合い、「道」という欠くべからざる存在に出会ったか。そこに表現のしようの無いぐらい、大きな感謝の念を感じるのです。

もし「道」に出会わなかったら、どうなっていた事だろう。その助けが無かったらと考えると、感謝し尽してても足らないほどの思いが湧いてきます。

宇宙の根源であり、私の故郷の胆っ玉母さんである「道」と離れて私の人生を語る事は出来ません。

いまでは、ほんとうの母として、もう大分前に「道」に帰った産みの母と共に二重映しになって、いつも私の背後にいて見守っているように思います。

もしいま私同様「道」と共に生きる必要がある人がいて、「道」の存在を知らずに独り孤独の中で立ち往生している人がいたら、是非そうした私の生きる力となっている「道」を理解していただいて、今日から「道」と共に生きてもらいたい気持で一杯です。

「道」の本質

「道」がどのように私を助けてくれているのか、一歩踏み込んでお話ししましょう。

まず私は、いつも「道」を周囲に感じて生きています。最初は違いました。呼ばなければ身近に来ません。しかし十年、二十年と経つうちに、あたかも現実の生活で母親と同居しているかのように、例え近くにいなくとも、いつも、その気配とかその匂いや香りを感じるようになりました。

最近は、心の中にもいるようにも感じますし、その懐《ふところ》に抱かれているようにも感じます。言ってみれば、現実に存在しない事が便利になってきました。自由自在とは、この事です。

ですから初めは、事あるごとに意識して呼び出す事です。

どのように頼むのか。

私は、困った時、悩んでいる時、ピンチの時ばかり呼び出します。「道」は決してケチ臭くありません。そんな時ばかり呼び出すなとは言いません。いつも同じ笑顔で、いつも「ああ解った解った」と聞き入れてくれます。胆っ玉母さんなのです。

具体的に言えば、私はこれまで数えきれないぐらい財布を落としました。しかし「道」と付き合ってからは、幸いなことに紛失してしまった事は一度もありません。必ず返ってきます。

落した事にも気付かずにいると、家内や会社の秘書から、「財布落しませんでしたか」と問われて、やっと気付く事も何度かありました。バス会社や駅や、タクシーや一般の人から電話があったのです。財布の中にあった五、六枚の名刺により、電話をいただいたのです。

だんだん付き合いも深くなると、問題解決が予想以外の事になり、解決が速くなってきたように思います。

家内と旅行に出掛け、いざ旅館を出ようと料金支払いの時になって、財布のない事に気が付きました。

トランクの隅ずみ、コートや上着のポケットやロッカーを懸命に探しましたが、ありません。家内には心配をかけまいと、一言も言いませんでしたが、こうなっては致し方がないとその旨を言うと、何と「ああ預かっていますよ」。私が温泉に入りに風呂場に行く時に預けたと言うのです。

この解決ほど驚かされた事はありません。

これを、「それはお前が忘れていただけじゃあないか」と言われれば、その通り。しかし紛失に青くなっている私からすれば、よく何事もなく解決してくれたものだと思うばかりなのです。

こうした言わば、小さな事での依頼は数多くあり、その多くを解決をしてもらいました。

腸の詰まりと肛門のトラブルの時は、それまでもいろいろの不具合に悩まされましたが、常に困る状態ではなく、通常は嘘のように順調なので放っておきました。私の頭の何処かで、「一回ちゃんと診察してもらう必要がある」と思いながらも、それも年に一回定期健診を受けていながら、そのまま持ち越されてきました。

いま考えると「道」が、このままではひどい状態になると思ったかのように、ある日新聞を読むと、私と同じ症状であった人の体験談が目にとまりました。悪くなる可能性があるよ。早く対処しなさいよという「道」からの警告です。しかし、忙しさに流されそのままにしていたところ、いつも会食をする知人が、その日に限って、しつこいぐらいに自分の体験談を話すのです。それが私と瓜二つ。その人はつくづく言いました。「私は早く診《み》てもらったのが良かったのです」そうか。しかし何処へ行ったら良いのかと思っていました。その翌日新幹線に乗ったのです。車内の雑誌に、名医としてある医者が紹介されていました。記事を読むと私に打って付けの専門医なのです。ここまで来ると、さすがの私も放っておけなくなりました。

早速その翌日、主治医に電話をしました。

何とその名医はごくごく親しい人だというのです。直ぐに紹介状を書くから、ということになり、トントン拍子に話は進んで行きました。

診察の結果、大事になる瀬戸際で、一刻も早く手術をした方が良いとなり、三週間後の手術日も決まりました。

しかし私は不服でした。その日の前に「道」によくよく頼み、手術などの必要は無い。薬で対処する結果になる事を頼みました。

私にとっては、折角頼んでいるのに、手術になってしまったではないか、という思いがあったのです。

今度は手術が軽く済む事を祈るのみです。

その診断の数日後に、漢方医の友人から手術を軽くするには断食が良いと紹介され、十日間の断食のやり方の詳細を教えてもらいました。

丁度手術前の十日間と言えば、夏休みでした。それでは、断食の夏休みにしよう。という事は、大した運動は出来ないだろうから、本でも読んで暮そうと、周りの読書家の友人に、近頃読んで面白かった本を二、三冊紹介してくれるように依頼しました。

私は書名を知りたかったのですが、彼等は親切にも、その本を次々と送ってくれたのです。これでは読まずにパスする事は出来ない。読まざるを得ないので、その日からひたすら貰った本を読みました。

その中に私にとって実に興味深い本が数冊あったのです。それは、明治の近代化に対する改めての検証と、幕末の志士横井小楠の提唱した近代国家論の詳細でした。

私は近代西洋思想の行き詰まりの打開策として「東洋思想と西洋思想の知の融合」を主張しておりますが、この数冊の本は、私の主張のより詳細な詰めの作業をするのに打って付けの本であったのです。

何事も忘れて読み耽っているうちに、手術の日がやってきました。

私の頭は、私の主張の詳細を詰める事で一杯で、手術どころの騒ぎではありません。

したがって身体は投げ出すから、頭は私の好きにさせてもらうよという調子でした。

結構大きな手術であったようですが、こんな調子なので私は手術の事はよく知りません。

手術が終って術後の回復になりました。頭の中は例によって常に主張の詰めの事を一心不乱に追っている状態です。そうなると身体は自分で治るだけです。

年令の割には驚異的な回復でした。

五日後には約束がありましたから二時間半の講義を行えました。

いま考えるとつくづく思います。手術してほんとうに良かった。大成功でした。

一切の懸念が無くなりました。

当座、意に沿わない不服を言った事、心から「道」に謝《あやま》りました。

「道」は実に素晴らしいと実感しました。

私のような自分勝手な思いで私を見るのではなく、もっと根本的に、本質的に私を見てくれていると、つくづく感心しました。

「道」の本質を見たような気がしました。

「道」との対話

「道」と共にもう大分長い間歩んできたのですから、お互いに相手の性格をよく知ったと言っていいでしょう。

「道」が私の性格をよく承知してくれている事は、その問題の解決の仕方を見ればよく解ります。それは、「くどくもなく、あっさりともしすぎず」、程良いのです。

そうした上で、もう少し「道」との付き合い方について述べておきましょう。

人間は日々の暮しの中では、助けが欲しくなる時や難題を解決してほしい時ばかりではありません。その他に、いまの気持を聞いてもらいたいという時があります。

ところが私のように他人の相談の相手になるような仕事をしている人間は、誰に聞いてもらうのか、的確な人間がいないのが現実です。相談相手を職業にしている人といえば、弁護士や医者、学校の先生やセラピスト、アドバイザーなどですが、そういう職業の人が増えているように思います。

都市生活も段々極まってくると、自分独りでは、如何ともし難い事が多くなるからでしょう。他人の助けが必要です。

では他人の相談にのっている職業の人は、どうしたら良いのか。まさか悩みや、訴えたい事が無いわけではないでしょう。

私もその一人です。

そこで「道」の登場です。

実に良い聞き手に徹してくれるのです。

まず、昼間なら、大空を見上げるのが良いでしょう。あらかじめそうした所を確保しておくと良いでしょう。

自分の職場のビルの屋上などが最適です。

大空を見上げて呟《つぶや》きます。

口に出してもいいし、心の中で語ってもいいですが、私の経験から言えば、口に出した方が効果的です。

語ります。絶対「道」は聞いてくれます。

その証拠は、数日後に現れます。

語った悩み、相談事などを解決する糸口が、必ず目の前に現れます。人が訪ねてきます。よく知っている人の場合もあるし、知らない人の場合もあります。

しかし、その問題を、あるいはその問題の解決をずばり話してくれる事は、まずありません。

その人達は、全くの別件で訪ねてくるのです。

しかし、その会話の中に、必ずヒントがあります。

最初のうちは、その要領がよく解らず、空振りが多かったのですが、二十年ぐらい前から、特に最近は、「道」と対話した後は、こちらも要注意で人と接しますから、これが解答か、ヒントかと思う事が多くなります。

「道」との対話があるお陰で、私は独りではない。いつも一緒なのだと思っていますから、心の底に安心感が生まれます。何処かで自分の人生の歩みに対して安心をしているのです。これはとても有難い事です。

私はかつて、「不孤」孤ならず、人間は独りではない。仏と同行だ、と禅の師家に教わり、良い言葉だと思っていました。しかし実感はありませんでした。いまは違います。これが「不孤」かといつも感謝しています。

さて、この様にして「道」との付き合い方、もっと直接的に言えば、「活用法」を語っていると、何処かで反論をいただいているかもしれません。

「それはお前がただそう思っているだけではないのか」という反論です。

全くその通りです。

私が思っているのです。

でも、私が思わずして、誰が思ったら良いのでしょう。

何かを信じるかどうかは、多くの人が信じているからでなく、私が信じられるからなのです。

現代人の不安もそこから生じています。自分ではこう思う。しかしテレビや新聞では違うと言っている。だから私の思いは違うのだと結論を出してしまうところがあります。

他人の意見を尊重する事は大切ですが、自分がどの様な意見を持つかの方が、余程大切です。

それで初めて自己の確立が成るのです。

まず自分は何を信じて生きているのか。

私は自分を信じています。

自分が信じられる事が、信じられるのです。

長年「道」と同行、人生を共に歩んできました。

ほんとうに良かったと、いましみじみと思い、感謝しています。だからこそ愉快な人生なのです。

私は「道」ですが、皆さんは別のものでも充分良いと思います。

要は、自分が心の底から信じられるものをもつ事です。

私は中国古典、更に日本に伝統的に存在している東洋思想である、「儒家、仏教、道家、禅、神道」を専攻しています。

その領域の思想、哲学は素晴らしいものです。よくぞこれだけの思想哲学が、五つも日本に蓄積していることか。これぞ日本の「知的遺産」です。活用が待たれています。私の最も尊敬する禅の秋月龍珉師は、「一言で禅と言うが禅には、禅学と禅道とある」どちらか一方ではいけない。両者が融け合って一つのものになるからだ、と言っています。実践と思考と言っても良いと思います。

学問としての道家の思想、老荘思想は既に四十数年探求を続けてきましたが、実践を語ることは、これまで全くしてきませんでした。

私の講義をこれまで聴講してきた受講生の諸氏は、実践論であるこの本を読む事により、東洋思想の真髄を知る事になります。

反対にこの本を読まれた方は、ビデオでも良し、インターネットでも良いですから、私の「老子講義」を一回受講される事をお勧めします。

より深く「老子」と「道」が理解される事でしょう。

禅には、座禅という実践の方法がありますが、中国古典にはあるのですかとよく問われます。

東洋思想は実践こそ生命《いのち》ですから、どの教えも是非日々の生活の中で、すなわち人生の中で活用していただきたいと思います。

そうして下されば、より深く体験され、より充実した人生を歩んでいただけると思います。

最後に老子の言葉を記しておきます。

「深根固柢《しんこんこてい》、長生久視《ちょうせいきゅうし》」

深く固《かた》い根柢があって、初めて永遠の「道」、真に愉快な人生が生きられるのだ、という意味です。

七十代《いま》私を励ましてくれている「老子」の言葉

「既《ことごと》く以て人の爲にして、己愈《おのれいよいよ》ゝ有す。既く以て人に與《あた》へて、己愈ゝ多し」（顯質第八十一）

この年になったら、持つべき精神は「他人《ひと》の為」のみだろう。それに徹して生きろと自分に命じる言葉だ。

あとがき

私は長い間重度の障害者である事を誰にも言わずにいました。したがって、二十五才の時の突然の瀕死の事故の事も、全く口外しませんでした。

何故かと言われれば、何となく嫌だったとしか言えません。敢えて言えば、同情されるのが嫌だった。特殊な人間と思われたくなかった。それを売りものにしているようで嫌だったと、言えます。

その私に、その事故の件、生死の境を彷徨《さまよ》った俗に言う臨死の体験を語れと、何度となく強く勧めてくれたのが、致知出版社社長・藤尾秀昭氏です。渋る私に最後には、そうした体験をした人間の務めだ、とまで言ってくれたのです。

そこで勇気を奮るって初めて『致知』誌上で、体験を明らかにしました。

約三十年前の、昭和六十三（一九八八）年四月号です。

まず驚いたのが私の会社の社員の諸君で、大分長い間一緒に仕事をしているのに、こんな体験をした人だとは少しも知らなかったと言うのです。

多くの人と改めて人間関係が深まりました。

つくづく有難い事だと思いました。

それがきっかけとなって、その詳細を語った本を出すことになったのです。私の処女作『ビジネス戦士のための「幸福論」』です。

私にとっては決して忘れることの出来ない本です。

その後私と藤尾氏とはそれぞれの道をひた走っているという感じで、交流が途絶えました。

そして去年二十数年振りに再会をしたのです。

互いに年令は重ねましたが、気持は若い時の友人のままである事がよく解りました。長い付き合いの有難さをしみじみ感じたものです。

私はかねがね、「老子」を自分なりに読み解きたいと思い、それを念願に講義をしてきましたが、その念願が叶ったのです。

『ビジネスリーダーのための老子「道徳経」講義』がその本です。

合わせて、その老子の説く「道」と生きた私の半生を通して、老子及び「道」を深く理解してもらいたいと思い、この本が誕生しました。

したがってまず感謝すべきは藤尾氏です。更にこの企画を進めて下さった柳澤まり子副社長です。実際に編集作業を担当して下さった、小森俊司氏にも感謝を申し上げます。

また、題字の書を寄せてくださったご高名な杭迫柏樹先生、老子の絵をカバーに寄せてくださった見目陽一氏に心より御礼申し上げます。

私はものを書く仕事を『致知』でスタートをし、そして区切りとなるこの本で、また『致知』と出会ったわけで、まさに『致知』と共に生き、成長した半生と言ってよいのです。

この点でも私は深い感謝を感じています。
この本が皆様の愉快な人生の強化に役立てば、これに優る喜びはありません。

平成二十九年二月

祖師谷の玄妙館にて　田口佳史

〈著者紹介〉

田口佳史（たぐち・よしふみ）

昭和17年東京生まれ。東洋思想研究者。日本大学芸術学部卒業。新進の記録映画監督として活躍していた25歳の時、タイ国で重傷を負い、生死の境で「老子」と出合う。以後、中国古典思想研究に従事。東洋倫理学、東洋リーダーシップ論の第一人者として活躍。大企業の経営者や経営幹部などからも厚い支持を得る。47年イメージプラン創業、代表取締役社長。著書に『ビジネスリーダーのための老子「道徳経」講義』（致知出版社）『貞観政要講義』（光文社）『超訳孫子の兵法』（三笠書房）『リーダーに大切な「自分の軸」をつくる言葉』（かんき出版）『上に立つ者の度量』（ＰＨＰ研究所）など多数。

人生に迷ったら「老子」

平成二十九年三月二十五日第一刷発行

著者　田口 佳史

発行者　藤尾 秀昭

発行所　致知出版社

〒150-0001 東京都渋谷区神宮前四の二十四の九

ＴＥＬ（〇三）三七九六—二一一一

印刷・製本　中央精版印刷

落丁・乱丁はお取替え致します。　（検印廃止）

ISBN978-4-8009-1140-7 C0095

ホームページ　http://www.chichi.co.jp

Ｅメール　books@chichi.co.jp